獻給梅羅拉 (Merola) 夫婦——羅布 (Rob) 和琳達 (Linda)。

禁食

讓身體說話

麥克奈特 著
陳永財 譯

基道出版社

▼

靈修著作精選

禁食，讓身體說話

Fasting

作者

麥克奈特 Scot McKnight

譯者

陳永財

責任編輯

余雪

裝幀設計

奇文雲海．設計顧問

■

出版 / 發行

基道出版社

香港沙田火炭坳背灣街 26 號富騰工業中心 10 樓 1011 室

LOGOS PUBLISHERS

Unit 1011, 10/F, Fo Tan Ind. Centre, 26 Au Pui Wan St., Shatin, Hong Kong

電話：(852) 2687-0331　傳真：(852) 2687-0281

網址：https://www.logos.com.hk

承印

陽光印刷製本廠

●

1/2016 初版

Cat. No. LP657A

ISBN: 978-962-457-513-2

Printed in Hong Kong

刷次	10	9	8	7	6	5	4	3	2
年份	2032	2031	2030	2029	2028	2027	2026	2025	

序言

在我們的基督教傳統中，有七種古老的踐行或操練，是從猶太教而來，並直接透過初期教會的教導和遵行傳給我們。其中每一種，都將信仰融入我們日常、人性化和十分物質的生活。換句話說，每一種都是我們身為信徒可以體現信仰，並在我們的身體、物質意識、思想中，感知我們信仰的方法。

我們身為上帝在地上的受造物，在四個維度中活出我們地上的生命，包括高度、深度、廣度、時間。在下述七種古老的踐行中，有四種用於管理或量度時間。固定時間的禱告將日常的時間融入信徒忠於信仰的生命，守安息日則調節和聖化每星期的時間。在公共崇拜和私人靈修中跟隨禮儀年（liturgical year）的節期，與普世更大的教會的每一個成員在一年裏經歷相同的節奏。朝聖，聖化時間的第四個踐行，是惟一在多個世紀以來經歷了很多改變或調整的。在西方基督教，人們不再視之為一生一次的旅程，不再為了將全人帶到神聖或聖化的空間而花費大量時間和精力。人們倒更常視之為一種退修，沒有真正的朝聖那麼昂貴或困難，而且肯定能更頻密地進行。

另外三種古老的踐行與「活在空間中」(the business of living within space)的關係更大。它們關乎物質的身體及其自我察覺(awareness of itself)。這三者中，禁食是最受誤解、詆毀、誤用的。什一奉獻要求個人付出工作收穫的一部分，以及部分用來支撐身體的物質和情感需要的物品。神聖的聚餐，無論叫甚麼——聖體、彌撒、主餐或聖餐，都直接將神聖帶進身體。但禁食……啊，禁食，這是不同的事情。禁食令人受到傷害。禁食可以被誇大成會導致過度、精神病般的沉溺。禁食如果做得過分，會傷害身體……而得到神學和聖經檢視的禁食，主張身體和靈魂同時存在，缺一不可。對很多基督徒來說，這本身已經是令人困擾的規條，最好不要探討它。

就我所知，近年(甚或不太近的年間)沒有人像神學家麥克奈特在本書中那樣機敏和清晰地討論禁食。麥克奈特的基督教信仰和深厚的學術知識，在本書每一頁中都顯露無遺。但我想當中最突出的，是他的牧養關注——教會再次明白和接受禁食的屬靈好處和它在宗教上的必要，接受它不單是我們先輩進行過的古老踐行，也是我們的主親自跟隨，並教導我們必須在某些時候踐行的屬靈操練。

總括來說，這不是給懦弱的人的書。相反，它是給有勇氣的基督徒的——他們尋求更全面運用自己生命的所有部分，為的是更認識上帝、更好地事奉上帝。

蒂克萊（Phyllis Tickle）
古老踐行系列總編輯

目　錄

第二部
智慧和禁食

導論

基督徒對禁食發出的多重聲音

禁食是一個人對生命的神聖時刻一種全身、自然而然的回應。由於禁食是自然的，因此它在世界所有偉大的宗教和哲學中都存在。可惜，禁食是基督教屬靈操練中最受誤解的，我們稍後會討論這種現象的成因。現在我想提供一個蒙太奇，展示由大衛王時代到現在關於禁食的觀點。

大衛王：禁食作為全身的行動

在舊約——猶太人稱為《泰納克》(*Tanakh*；編按：又譯塔納赫)或希伯來聖經(Hebrew Bible)——中間部分，收錄了以色列人特別喜歡的禱告。我們在詩篇中學到很多東西，包括禱告有很多自然而來的伙伴——像禱告和下跪、禱告和懇求、禱告和沉思、禱告和掙扎、禱告和讚美。

禱告的其中一個伙伴是禁食。以下是詩篇三十五篇中間的四行詩。大衛告訴我們，他的敵人「患病」時，他沒有幸災樂禍。相反，他為他們禱告：

至於我，當他們有病的時候，
　我便穿麻衣，
　禁食，刻苦己心；
我所求的都歸到自己的懷中。
　我這樣行，好像他是我的朋友，我的弟兄；
我屈身悲哀，
　如同人為母親哀痛。

（詩三十五 13～14；強調為引者所加）

在這首詩中，大衛不是過分戲劇化或嘗試要我們看到他多麼公義或他的對手多麼邪惡。他的禱告伴隨著禁食。對大衛來說，乃至對聖經中每一個人而言，禱告是**全身**的活動，正如有些基督徒在敬拜時舉手，或在告解時跪在跪墊上一樣。戈丁基（John Goldingay）關於詩篇的著作是我很喜歡的，他告訴我們，大衛的憂愁沒有完全流露，直到身體——在這裏是指禁食——也參與其中：「詩篇認為單單感到憂愁並不足夠；因為我們不單有思想和靈，且是物質的受造物；不以（例如）戒除食物，從而使自己的靈和自我受苦來表達哀傷是古怪的。」[1]

讓我們跨過幾個世紀，到先知以賽亞那裏。

以賽亞：禁食作為為他者的行動

和其他屬靈踐行一樣，禁食在古以色列人中，很容易變成自義和自我專注。上帝透過先知以賽亞啟示，如果禁食沒有引發對別人的憐憫，它在產生效力前已經搖搖欲墜。以賽亞藉著問讀者一連串問題，從而提出自己的論點：

我所揀選的禁食
　不是要鬆開凶惡的繩，
　解下軛上的索，
使被欺壓的得自由，
　折斷一切的軛嗎？

不是要把你的餅分給飢餓的人，
　將飄流的窮人接到你家中，
見赤身的給他衣服遮體，
　顧恤自己的骨肉而不掩藏嗎？

（賽五十八6～7）

這些話必須處於所有關於禁食的教導的中心。每一代都需要有它的以賽亞在行動中站起來說：「喂，各位，這不是關於我們！我們禁食時放棄的東西，應該給予其他人。」

讓我們向前跨越差不多一千年。

初期基督教教父：禁食作為神聖的節奏和操練

聖亞他拿修（St. Athanasius）是基督教正統教義的其中一個締造者，也是一位十分敬虔的聖徒，他知道教會年曆的神聖節奏那具模塑性的力量。那年曆交織了對罪的哀歎（禁食）和歡慶上帝美好的恩典（歡宴）。他談到教會年曆時說：「有時上帝呼召我們禁食；有時上帝呼召我們歡宴。」[2]

與聖亞他拿修差不多同代的聖奧古斯丁（St. Augustine）將禁食帶進具模塑性的另一個領域。聖奧古斯丁提醒讀者，基督徒勝過試探的其中一個方法是禁食。為甚麼？「因為有時需要管束『帶來合宜快樂的肉體愉悅』，以杜絕『放縱的享樂』。」[3]

這兩個主題——禁食作為教會年曆中的神聖節奏，以及禁食作為勝過罪慾的操練——或許是基督教思想史中關於禁食最重要的主題。現在我們再向前跨越超過一千年。

加爾文和慕安德烈：禁食作為內在決心

加爾文（John Calvin）的《基督教要義》（*Institutes of the Christian Religion*）建構了基督教會改革宗一翼的神學和靈性。加爾文致力於把焦點放在敬虔上，杜絕任何使人分心的事情。在討論禱告中的重大關注時，他寫到禁食的重要性：「每當人就任何重大的事情向上帝祈禱時，在禱告外加上禁食是可取的。在這種禁食中，他們惟一的目的，是令自己更渴望禱告，並且毫無阻礙……胃部飽滿時，我們的思想不能升到上帝那裏。」[4]

慕安德烈（Andrew Murray）是南非開普敦（Cape Town）著名的改革宗牧師，因其熱心佈道的敬虔帶來廣泛影響而聞名。他這樣談到禁食：「禁食幫助我們表達、加深、肯定我們預備犧牲一切，甚至我們自己，去實現上帝國度的決心。」[5]

我們禁食，好在上帝面前表示我們內在的決心和渴望，這也模塑了我們怎樣理解禁食。

德沃蓋：喜悅那操練

來自意大利諾爾恰（Norcia）的偉大佈道家聖本篤（St. Benedict）在編寫經典的《聖本篤會規》（*Rule of Saint Benedict*）時，也將禁食收錄在內。源自他的修道傳統，至今模塑了很多人對禁食的理解。在羅馬天主教的修道傳統中，我特別喜歡德沃蓋（Adalbert de Vogüé）對禁食的表達。德沃蓋是本篤會的修士，嚴格禁食了幾十年。他的著作的名字令很多人感到震驚：《喜愛禁食》（*To Love Fasting*）。德沃蓋於禁食中操練自己的身體時學到的事情，是給我們所有人的提醒：「禁食對我來說不再是限制和苦行，而是身體和靈魂的喜樂和需要。我自發地踐行它，因為我愛它。」[6]

禁食在過去幾年變得有點新潮，所以我現在轉而簡短地討論一些近年關於禁食的觀點。

近年關於禁食的提醒

或許沒有人像魏樂德（Dallas Willard）那樣帶領教會重拾禁食，以之作為關乎全身的活動。這位哲學教授兼關注屬靈操練的博學作家談及禁食的方式，帶領我們直接回到大衛王和聖經：「但在基督裏的新生命，根本不是信仰和想像的內在生命，即使那是受到聖靈啟發的。在基督裏的新生命，是具身體體現性的人（embodied person）全人投入在社會處境中的生命。」[7]

沿著魏樂德劃出的路線，浸信會牧師派博（John Piper）將基督教對禁食的理解，描述為全身渴慕上帝。派博指出，教會的聖徒是禁食者。他寫道：「他們對上帝的帶領飢渴得令他們想以身體的飢餓，而不單是內心的飢餓去呈現。」[8]

禁食不單是令人喜悅的，它也可以在最深層面，並以轉化生命的方式釋放我們。羅馬天主教神父瑞安（Thomas Ryan）提醒我們，禁食是通往上帝的恩典之道。在《禁食的神聖藝術》（*The Sacred Art of Fasting*）一書中，瑞安寫道：「我們傾向以為如果我們改變，上帝便會愛我們；但其實是上帝愛我們，讓我們**可以**改變。（像禁食）這種悔罪的踐行和操練，令我們能夠支取由恩典而來的自由，並在生命中呈現那自由。」[9]

沒有人比弗呂克霍爾姆（Amy Johnson Frykholm）更好地呈現這蒙太奇，她總結說：「禁食關乎三件事：專注、憐憫、自由。」[10]

A → B → C

既然有那麼多見證人在我們之前，還有甚麼未盡之言可以說嗎？

我認為是有的。容許我現在藉著提出一個有關禁食的定義，說出我的觀點，然後解釋為甚麼禁食是最為人誤解的基督教屬靈操練。

禁食是一個人面對生命中重大的神聖時刻一種自然而然、無可避免的回應。

我相信禁食是**自然而然**的。選擇不吃不喝，是一個人對重大的神聖時刻的自然回應。而且，我也相信如果我們遇到某種神聖時刻，禁食是**無可避免**的。接著，或許對我們的定義最重要的是，我相信禁食是**對嚴肅或重大的神聖時刻的回應**。正如我會在接下來各章顯示，聖經中的人禁食，是為了**回應**生命中一些重大事件——像死亡、察覺到罪，或在國家受到威脅時。

因此，禁食是一個人對重大的神聖時刻一種自然而然、無可避免的回應。它是否帶來成果？是的，但那並不是禁食的重點。藉著禁食回應重大的神聖時刻的人往往——**但並非總是！**——會得到成果，就像禱告蒙應允一樣。但專注於成果會令我們完全誤解禁食。

這帶領我們現在以一個A→B→C框架看禁食。人們如果想全面認識基督教對禁食的理解，他們必須從A——重大的神聖時刻——開始。那神聖時刻引發一個回應（B），在這裏是指禁食。只有這樣，只有當我們容讓神聖的時刻發揮它完全的力量時，禁食的回應才會帶來成果（C）——而老實説，這並非總會發生。

我即將提出的這點十分重要：**禁食不是確保成果的操控工具**。這是我相信了很長很長時間的事情，但在基督徒討論禁食時，我並不常聽到這樣的話。在我們最深厚的基督教傳統中，禁食的焦點不是由 B 欄到 C 欄，而是 A→B。禁食是**回應**神聖時刻的行動，不是設計來得到渴望的成果的工具。基督教傳統的焦點不是「如果你禁食，你便會**得到**」，而是「發生**這樣的事情**時，上帝的百姓禁食」。禁食是回應十分嚴肅的情況，不是令我們由好的層面，去到更好的層面的行動。為了讓這點更生動，以下是一個圖表，上面列出一些可能性：

A	B	C
神聖時刻	**禁食**	**成果**
死亡		生命
罪		寬恕
恐懼	回應性禁食	安全
威脅		盼望
需要		回應
疾病		健康

今天很多人發現他們需要 C 欄的東西。他們推論說，由於聖徒禁食時得到成果，他們也要禁食，以便得到他們想要的。換句話說，這些人的**意圖**是**藉**禁食帶來渴望的報酬或成果。對這些人來說，禁食是「工具性」的——它是我們有迫切需求時拿來應急的工具。這樣的禁食偶爾「有效」時，可量度的成果令一些人在房間中站起來，揮動手帕，告訴每一個人，如果我們

更多禁食，便會得到更多成果。因此，理論是這樣的：**禁食產生成果**。

我自己對聖經言及禁食的研究，證實了一些和這種禁食的工具性取向相反的觀點。也就是說，聖經沒有提出禁食的工具性觀點，而是提出禁食的**回應性**觀點。禁食是回應重大的神聖時刻的行動。反過來說，那些最受神聖時刻感動的人禁食，而正**因為他們在那些重大的時刻所做的事，與上帝在這世界所做的一致**，他們有可能得到想要的成果，但這些人禁食不是要得到成果；他們禁食，是為了**回應**神聖的時刻。他們之所以在 B 欄，是出於回應 A 欄那重大的神聖性。他們做 B，不是為了令 C 發生。

我對禁食的研究得出這個結論：當我們忽略重大的神聖時刻，反而專注於成果時，禁食就會變成操控的手段，而不是基督徒真誠的屬靈操練。今天關於禁食的講論，有太多都是關於我們可以得到甚麼，而對引發禁食的嚴肅和重大的神聖時刻卻談得不夠。

深厚的基督教傳統全是關於由 A 到 B 的過程——基督徒對生命中重大或嚴肅的神聖時刻的回應，而不是由 B 欄到 C 欄的行動——渴望一些實質的回報。

但這個聖經禁食觀的定義有一個前設，它對我們在今天禁食，構成了最大的挑戰，那前設就是：我們的身體和靈魂是統一的（united）。因此，我們現在轉向我們較早時與大衛王及魏樂德共同發現的事情：禁食是全身的行動。禁食作為全身的行動，植根於我所謂的**身體形象**。我相信禁食是最受人們誤解的屬靈踐行，因為將身體聯繫到靈的古老智慧要不是失落了，便是被二元論扭曲了。

第一章

禁食和身體形象

基督教一直不太重視人類的身體。

在教會歷史的某段時期，基督徒視慾望和身體為敵人。在過去幾年，問題似乎是：「身體和靈性有甚麼關係？」但我們今天發現，人們對**以身體體現的靈性**（embodied spirituality）愈來愈感興趣。年青的基督徒舉起手、閉上眼敬拜，愈來愈在蠟燭和聖像中找到屬靈力量。有些教會恢復使用跪墊，有些教會鼓勵人們釋放表演、繪畫、藝術的創造性恩賜。禁食的踐行也正在增加。

這一切是怎麼一回事？先歸信聖公會，然後轉信天主教的福音派人士霍華德（Thomas Howard）說得對：「無論我們的神學承認與否，我們都是重視禮儀的人：我們喜歡與歷史有身體接觸。」[1] 事實上，以身體體現的靈性的價值正在上升——讓我們名副其實地稱之為復興吧。我們**在身體中，並以我們的身體，**

以具體、物質、有形、可感知的方式敬拜上帝和愛上帝。在人類的渴望深處，有一種以身體「踐行靈性」的需要。

這對禁食構成一個困難。禁食是關乎全身的事情。比起將身體投入敬拜和禱告，我們很多人都對蠟燭、聖像、跪墊這些事物感到自在得多。西方人在踐行這以身體體現的靈性的復興時，有一個主要的領域需要克服——我們面對身體的困難。在下一章，我會重新建立禁食的靈性與身體的聯繫。我用**身體言談**（body talk）來表達禁食之所是，它源自我們的身體形象。除非我們有更正面的身體形象——身體與靈統一的形象，否則身體言談（禁食）不大可能應然而生。

因此，再一次，本書的目的是重新聯繫身體和魂（或靈），讓你我在遇到重大、召喚我們禁食的神聖時刻時，禁食變得自然而然、無可避免。我們每年都遇到這種神聖時刻，但我們往往不以禁食回應，因為這踐行已經變得那麼不自然。為甚麼？因為我們很多人都看不到靈性和身體之間的聯繫。就算對那些愈來愈多看到這種聯繫的人，或者至少想有這種聯繫的人而言，要令身體適應以禁食作為對神聖時刻的回應，也需要時間。由於禁食源自身體和靈魂的自然聯繫，我們最好簡要地看看我們西方文化中具影響力的不同身體形象。我們由聖經奇妙地強調我們有機的統一性開始。

聖經中的身體形象：有機的統一體

令今天的讀者感到驚訝的，是身體在聖經中竟那麼重要。古以色列人和初期基督徒在身體中並以身體「踐行靈性」。令觀察教會的人感到驚訝的，是身體竟變得那麼不重要——雖然有證據顯示人們渴望一種以身體體現的靈性。讓我們很快地看看聖經怎麼説，並弄清我們需要看到的是：**在聖經中，人類是有機的統一體**（organic unities）。

聖經有很多描述人的獨特用語，這些用語彼此重疊。[2]古以色列人對人的理解，其獨一無二的貢獻記錄在創世記一章27節：

> 上帝就照著自己的**形象**造人，
> 　乃是照著他的**形象**
> 　造男造女。
>
> （強調為引者所加）

這段經文告訴我們，人是上帝的「形象」（humans are “images” of God；我喜歡用希臘語 *Eikon* 這詞）。身為上帝的 *Eikons*，我們在地上代表上帝，為上帝管理這個世界。而且，我們與上帝、與自己、與別人、與整個世界都有關係。我們管理世界，以及與他者相交，就是成為 *Eikon* 的意思。再者，我們是以一個物質的身體做上帝呼召我們在世上做的事情。就像鑽石，以身體體現的 *Eikon* 是多面的**有機統一體**，有心、思想、魂、靈、身體。正如鑽石只有在每一面都發揮作用時才反射光線，因此我們的每一面都必須運作。但我們在靈性中極力將身體貶低，以致禁食變得不自然。

Eikon 這詞在聖經中有很多「面目」，或以不同的用語呈現，每一個用語都是重要的，但更重要的，是明白它們有機的統一性。我們由希伯來聖經（舊約）開始，我們在那裏找到以下用語，它們描述了有機統一體的不同面向：

魂（*nepesh*）
肉體（*basar*）
靈（*ruach*）
心（*leb*）

在新約，我們找到：

心（*kardia*）
魂（*psyche*）
肉體（*sarx*）
身體（*soma*）

思想（*nous*）
靈（*pneuma*）
意志（*thelema*）

讓我再說一遍：在聖經中，所有這些用語一起形成一個有機的統一體。*Eikon* 由這些不同的事物組成，但 *Eikon* 始終是一個統一的人（unified person）。然而，我們卻將多面的「鑽石」切割成兩部分，好的部分和不太好的部分，將 *Eikon* 的不同用語歸給兩部分的其中一方。那兩部分是「身體」和「魂／靈」。身體是不太好的部分，靈魂是好的、永恒的部分。將 *Eikon* 或人分為兩部分，就是禁食在今天變得那麼困難的原因。由於禁食是十分物質的事情，它必須歸於身體；於是我們以為，由於禁食只關乎身體，它便不太重要。那兩部分是這樣的：

身體	**魂／靈**
身體	魂
肉體	靈
心	思想
地上的生命	意志
禁食	永恒的生命
	不禁食

如果禁食是統一的人對神聖時刻自然而然的回應，那麼在我們將身體歸入我們存在那不重要的部分的那一刻，我們也不再看到禁食的價值。如果我們想發現基督教禁食傳統中最深的面向，我們需要將「身體」那一欄重新與「魂／靈」那一欄聯繫起來。這樣，我們便會遇到神聖的時刻，**我們便會自然而然地禁食**。

不幸的是，我們有聯繫的工作要做，而其中很多都與重拾正面的身體形象有關。我們必須做這工作，因為二元論像酵一樣滲入我們所做的一切。

今天的身體形象

無論我們喜歡與否，無論我們是否基督徒，你我都繼承了教會面對身體時遇到的困難，那是我們西方基因的一部分。我們擁有西方心態的人，不斷掙扎著如何接受人類——身體和魂／靈——在靈性踐行中那不能分解的統一性。重複較早時說過的話，我們往往將自己切割成靈魂和身體：靈魂是不朽的，身體是會朽壞的；因此，身體最終（或永恆地）並不重要。

與這種西方心態息息相關的，是我們的身體和我們的靈不能很好地相輔相成。當思想我們今天有怎樣的身體形象時，我想起四個常見的形象。我們視身體為：

- 要征服的怪物；
- 要榮耀的明星；
- 要填滿的豐饒角；
- 可忽略的局外人。

每一個身體形象都模塑我們是否禁食，而如果我們禁食，它們便模塑我們怎樣禁食，以及為甚麼禁食。

哪一種——我們可以輕易加上更多種——是你的身體形象？我在完成以下帶點誇張的描述後，會告訴你我屬於哪一種形象。

要征服的怪物

有些人視身體為一隻**慾望怪物**，需要以靈加諸身體去征服那些不必要的慾望，從而將之馴服。這些人是**苦修者**。對這些擁有「身體作為怪物」這個身體形象的人，禁食的目的是管束身體的慾望。有些持這種觀點的人變成激進的苦修者，試圖壓抑慾望。擁有這種身體形象的人往往致力於追求純潔、聖潔或服事，他們將靈性集中在將來的國度，在天堂。有些對身體持這種觀點的人成了聖徒，有些令自己餓死（我避免提及名字）。

要榮耀的明星

有些人視身體為需要榮耀的**明星**。擁有這種身體形象令人成為現代的**自戀者**。這種人致力於追求快樂、個人主義、個人自由，以及苗條的身體、緊緻的屁股、時髦的衣服、流行的髮型、造型優美的眼鏡，而且總需要鏡子。禁食對這些人而言變得世俗化——也就是它變成節食，為的是自我保養和富吸引力。這羣人中有些也成為聖徒；很多則為了榮耀自己，以致生命不能活得其所。

要填滿的豐饒角

有些人視身體為**豐饒角**（cornucopia；編按：象徵食物和豐裕），一個扭曲的角，填滿無盡豐奢、昂貴的水果和美食。那些視身體為豐饒角的人是現代的**享樂主義者**，認為不需要禁食。他們致力於追求身體的愉悅、豐富的食物、可口的美味、昂貴的飲料、特別的餐廳。他們喜愛食物，馬修斯—格林（Frederica Mathewes-Green）稱之為「醉人的愉悅」和小小的「趣緻的罪」（cute sin），[3]這些人的肚腹吞沒了他們的心。他們的靈性源自健康、財富、愉悅。享樂主義者視那些禁食的人為令人掃興者或激進的苦修者。他們甚至可能指控禁食的人嘗試賺取天堂的入場券。這羣人中有些成了聖徒，有些則因為暴食而死。

可忽略的局外人

另一些人視身體為**局外人**，可以被忽略，因為它無關重要。禁食只不過是異域靈性踐行的古怪習俗。這些人是**新諾斯底主義者**（neo-Gnostics），對他們來説，身體是一個軀殼，只有裏面——靈或魂或特別是思想——才是重要的。那些視身體為局外人的人致力於追求靈性、默想聖經、默觀的經驗、推想——甚至脱離身體的神祕經驗。他們專注於身體之上、超越身體、身體以外的國度及真實的世界。這羣人中有些成了聖徒，大部分人錯失了全身委身於跟隨耶穌的力度。

禁食作為身體言談

苦修者遇到重大的神聖時刻時，棲居在它們裏面，而且可能永遠不會離開；明星遇到重大的神聖時刻時，假裝它們沒有出現；享樂主義者遇到重大的神聖時刻時，轉身逃跑；新諾斯底主義者遇到重大的神聖時刻時，説它們是「此世的」，與他們無關。

但本書強調禁食是一種**身體言談**，因為如果我們試圖建立整全的屬靈生命，將禁食包括在內，便最需要有一種有機地統一的身體形象。教宗若望保祿二世（Pope John Paul II）是二十世紀最有魅力的基督徒領袖，也是深具影響力的神學家。他神學領導的高峯可以在其出色的著作《祂造男造女》（*Man and Woman He Created Them*）[4]中找到。若望保祿二世主要論證説，我們的身體反映三一那賜予和接受的生命（the giving and receiving life of Trinity）。我們的身體和我們對身體所做的，明顯展示我們受造要做的事情的核心：愛上帝和愛別人。[5]對那些擁有正面的身體形象，視之為有機的統一體的人而言，禁食是對生命中重大或嚴肅的神聖時刻一種自然而然和無可避免的回應。我認為這位前教宗的著作雖然不是關乎禁食，但對那些想明白基督教的身體形象是關乎甚麼的人，卻是其中一本最重要的書籍。

我在這一節開始時傻乎乎地説我會坦承自己的觀點，但讓我首先問你這個問題：你抱哪一種觀點？現在你回答了，我也回答。我視我的身體為局外人，但傾向當它是豐饒角，這表示我超重，對身體關心不足，以致不會做一些徹底的事情，例如大幅度改變生活方式。我惟一想到自己的身體是明星，是在讀中學時；那時我仍夢想成為職業運動員，因此對自己多麼有天分和好看（或者以為自己是這樣）十分自負，就像典型的青少年那樣。現在我不那麼常關注自己的身體，於是假裝它是局外人，但就像豐饒角，它很少是空的。所以我和任何人一樣需要本書，或許比別人更需要它。

我們對自己身體的想法是重要的，因此或許你要照照鏡子，問問你的心你有怎樣的身體形象。你的身體形象為你打開一扇窗，通往你的靈性。

本書的命題相當簡單：身體、魂、靈、思想一統的觀念，製造一種包括身體在內的靈性。對這種身體形象而言，禁食是自然而然的。禁食是身體談及那靈渴望的、魂渴求的、思想知道的真實。那是身體言談——它不是身體以象徵的方式為靈、為思想或為魂説話，而是身體為人，為全人説話，讓人完全地表達自己。禁食是你我將整個自己完全表達的方式。由於聖經清楚提倡人——心、魂、思想、靈、身體——體現為一個統一體，它必然假設禁食是一種身體言談。

另一種説法也強調禁食是一種身體言談：除非我們接受身體更統一的觀念，否則禁食不大可能重新作為對重大的神聖時刻的慣常回應。今天很多人抱怨基督徒不再禁食；這警告來自羅馬天主教和福音派新教。以下是我們可以讀到或聽到的典型説法：「聖經教導禁食，教會傳統教導禁食；因此基督徒應該恢復禁食的踐行，那是靈性原本和古老的路。」抱怨的聲音這樣説。

我不相信問題出在上帝百姓的意志力上，問題是身體形象。今天促請人們禁食，就像促請他們為自己的母牛擠奶一樣——正如他們的後院沒有母牛，他們的靈性觀念中也沒有身體。西方的基因和禁食以最幼細的線聯繫著，除非我們明白身體和靈魂之間的聯繫，否則禁食的意欲不會回到基督徒的生命中。當我們明白身體和靈魂之間的聯繫，我們會再次發現那A→B→C模式：神聖時刻、以禁食回應、成果。正如杜根

(Kathleen M. Dugan)所說：「當基督教領悟到身體的神聖性時，禁食在基督教中才真正成為禁食。」[6]

一位讀者最近告訴我，他和太太在大齋期放棄喝其他飲料，只喝清水。我告訴我在北帕克大學(North Park University)的學生關於這個家庭在大齋期的踐行時，他們的典型回應是：「為了甚麼？」學生問題中的疑惑，正是為甚麼我們在今天促請基督徒禁食時，需要有一種新的耐性。坦白說，禁食對我們大部分人都沒有意義，除非我們掌握了身體對我們靈性的重要性。

第一部

靈性與禁食

第二章

禁食作為身體言談

我研究和撰寫本書的初期，每天都停下工作吃午餐。有一次，我關掉電腦，與一些來自印第安納波里斯（Indianapolis）的教會領袖一起到我喜歡的本地意大利餐廳特圖利亞．波爾格連安奴（Trattoria Pomigliano）吃了一頓豐富的午餐。不過，我通常獨自回家吃午餐。我每天吃火雞三文治時，感覺到在進食時思想禁食的古怪。我明白一點：**所有**人在禁食時都想到進食，因為他們感受到飢餓的折磨。但我進一步想到，較少人在進食時想到禁食。因此我決定我在寫關於禁食的書時，要終止自己慣常的「虛偽」。在寫了本書大約三分一後，我開始不吃午餐，這令我比平時更常想到食物；但對於我的寫作，它給我一種可觸覺的經驗。我相信寫書是嚴肅的——即便有時不是重大的；而專注於那嚴肅性，令我能夠將寫作本書的過程，變成值得禁食的神聖時刻。

我經驗到的古怪現象說明了這一章的重點：我認為和相信是重要的事情，並非我的身體在做的事情。這不是用虛偽就能解釋的，因為我沒有欺騙自己或別人。在某層面上我是一個二元論者。我的思想知道禁食是重要的、寫書是嚴肅的，但我的身體沒有參與。我當時**想到**禁食，甚至**相信**禁食已經足夠——我的**靈**說禁食是好的已經足夠。但事實是，精神上的同意並不足夠。我覺得需要令我的寫作變成神聖的時刻，以致可以促成一種全身的行動。因此我在寫作本書的日子開始禁食，這令我的身體和靈重新走在一起。

在這一章，我會探討基督教思想中人的統一性，因為當論及禁食，這觀念模塑我們的行為。我們大部分人都知道，基督徒異於柏拉圖主義者（Platonists）和諾斯底主義者（Gnostics），我們相信人是統一體——身體、魂、靈、思想一起構成一個人。我們知道這點，或至少我們說我們知道。但我們西方人的思維模式盡一切努力破壞人的統一性，將身體與靈和魂分開。在這更受柏拉圖（Plato）對康德（Immanuel Kant）、弗洛依德（Sigmund Freud）、達爾文（Charles Darwin）等人的衝擊所影響的世界，我們需要再次提醒自己，人是有機的統一體，以及這種觀念怎樣重塑禁食的意義。[1]

有機的統一體和我們對禁食的定義

正如我在第一章已指出，人受造為上帝的 *Eikons*。我們用許多用語來描述人的不同方面，像**魂**、**靈**、**身體**、**心**。但無論我們用哪一個，你我都是有機的統一體，我們不能忽視那統一性。

不過，二元論的發展自有其因。無論你怎樣區分上一章的用語，每個人都既是**外在**物質的人，也是**內在**屬靈的人。聖經沒有說身體**包含**（contains）一個靈，像我們將液體倒進一個量杯，而是說每個人都**是**靈、**是**身體。換句話說，正如基督教傳統教導說，人有二**元性**（duality），但這不是二**元論**（dualism）。我們是有內在和外在面向的人，但我們不是由兩部分——內在和外在部分——構成。認為其中一個（內在）是好的，另一個（外在）是壞的也不對。[2] 明白二元性和二元論的分別，對禁食是十分重要的。

禁食的問題是，多個世紀以來，基督徒都傾向讓我們的二元性滑進二元論——內在或靈性領域，掩蓋外在、具身體的人（bodily person）。我們可以找到中庸之道嗎？*Eikon* 可以恢復自身作為有機的統一體嗎？我相信是可以的。合乎聖經的禁食關乎使物質連於非物質，使身體連於魂，使身體連於靈，使之成為統一、有機的行動。（**魂**和**靈**這兩個用語在基督教傳統中並非總是容易區分的，所以我在這裏交替使用它們。）合乎聖經的禁食在全人——具身體體現性的靈（embodied spirit）或「具靈的」身體（“inspirited”body）——禁食時出現。巴布（Lynne Baab）在她有關禁食的聖經研究中，就哀傷（grief）的觀點說得好：

> 我們感到深深哀傷時，對習慣的活動和正常的快樂都感到不恰當，與之格格不入。我們想呼喊：「讓世界停止！我愛的人不再活著，我承受不了！」我們想停止一切正常活動。讓自己沉浸在失去和痛苦中的慾望，由停止進食顯明。[3]

禁食是全人的表達，全人在自身裏面統一時，禁食是自然而然的。

在我們繼續之前，要記住我們對禁食的定義。**禁食是一個人對生命中重大的神聖時刻一種自然而然、無可避免的回應。**現在讓我們為**禁食**這詞加上一些具體實質的內容。禁食是選擇不沉溺於食物和營養。在聖經中，禁食的意思通常指由日出到日落（十二小時）或可能由日落到日落（二十四小時）不吃任何食物。絕對禁食指不吃食物和不喝水。聖經中的禁食很少超過十二小時，雖然有時確實這樣。

說禁食是表示「不沉溺」，這帶來一些奇思妙想。今天有些人使用**禁食**這詞，指不在大齋期看電視、在主日戒除甜品或不看體育節目。對某些人來說，這些都可以是良好的操練，但我不認為稱這些事情為**禁食**是準確的。為甚麼？因為聖經中的禁食關乎**不吃或不喝**。在聖經中，禁食是關乎不吃食物，或（極少表示）不喝水。選擇在星期五不看電視或不吃美味的肉不是禁食，而是禁戒（abstinence）。我認為區分禁食和禁戒是重要的，我在整本書都會這樣做。有些人在這點上不同意我的觀點；我只希望能按自己對證據的判斷使用這些用語。

禁食是選擇在一段時間內不吃東西，因為有些時刻是那樣神聖，以致進食會損害或玷污那一刻的嚴肅性。以色列犯罪，蒙召遵行與悔罪相連的禁食時，進食會破壞那悔罪的嚴肅性。他們感到需要令身體受苦來表達他們的悔罪。以色列召喚眾人禁食，藉以祈求上帝保護國家免於戰爭時，進食會玷污他們對國家的神聖尊重。以色列因為死亡而哀傷時，任何形式的身體舒適或愉悅，都會破壞他們哀傷的悲鬱本質。

我相信聖經的禁食如此開始：因著某些時刻或前方任務的神聖性，具身體體現性的人選擇在一段時間內避免身體的沉溺，藉以專注於上帝。回到我們的 A → B → C 模式，禁食是對神聖時刻的回應。一個人禁食，是因為在這神聖的時刻，進食似乎是一種褻瀆。我讀聖經時留下深刻印象的，是 C 的元素（成果）甚少出現。十分重要的是，要明白 C 從來都不是 B 的推動力。B（禁食）的推動力總是A（神聖的時刻）。

我還想探討禁食的另一種回應性質。禁食的核心，是一種神聖共感（empathy with the divine），或有分於上帝對神聖時刻的感知（perception）。有人死時，上帝感到哀傷；有人犯罪時，特別令人震驚地，上帝感到哀傷；一個國家受到威脅時，上帝感到哀傷。我們可以提供更多例子，重點是：禁食是在神聖時刻，感同（identifies）上帝的視角和哀傷。禁食令我們能夠感同上帝如何看待某事；禁食令我們能夠與上帝共感。禁食關乎**同情**（pathos），在某事件中流露上帝的感情。我們會在之後各章不時探討這點，但現在我用它來說明十分重要的一點：禁食是為了**回應**一個神聖的時刻，它不是用來得到我們想要的東西的**工具**。人們告訴我們他們在禁食時，我們應該問：「回應甚麼？」而不是：「你希望從中得到甚麼？」

各種禁食

人們談及禁食時，我聽到的其中一個令人混亂的地方，是關於不同種類的禁食。如果我們列出我們在聖經和基督教禁食傳統中找到的各種禁食，可能會有幫助。

禁食

我以正常的禁食開始，它有時稱為**水禁食**（water fast）。在正常的禁食中，一個人在一段特定的時間內只喝水。由於長時間的水禁食對身體有極端嚴格的要求，有些人提議改為**果汁禁食**。在果汁禁食中，一個人在一段特定時間內只喝果汁——它比水更有營養。水和果汁的禁食有重大的分別，但現在這些區別可以先放在一邊。液體禁食是聖經描述的正常禁食，那是選擇在一段時間內不進食或不吸收營養。

禁戒

除了液體禁食外，還有**部分食物禁食**。由於先知但以理禁戒某些食物，有人稱這種禁食為**但以理禁食**。無論人們怎麼稱呼它，那踐行是這樣的：有些人在一段特定時間內戒除美食或特定的食物（巧克力、紅肉、意大利麵、咖啡），作為對身體的一種操練；有些人戒除其他所有食物，只吃蔬菜；有些人則戒除一切，除了乾的食物和穀物。四世紀的沙漠教父教母以此著稱。在東正教教會，禁食有時指戒除肉類、魚類、奶類、蛋、油、酒精。部分食物禁食最好稱為**禁戒**。正如前面提過，禁戒要與禁食區分出來，禁食是選擇在一段特定時間內不吃任何食物或不吸收任何營養。

絕對禁食

最徹底的禁食是**絕對**禁食（absolute fast），在一段時間內，一個人既不吃也不喝。本書第十三章會討論禁食在健康方面的危險，所以如果你想嘗試絕對禁食的話，我促請你現在考慮讀那一章。

古以色列人和初期基督徒踐行哪一種禁食呢？我們不確定——聖經沒有給我們禁食手冊。最可能的是他們由黃昏的晚餐禁食到第二天的正午或晚餐。他們也可能在早餐後禁食到黃昏的晚餐，但禁食這詞，似乎更可能用來描述由黃昏到第二天黃昏不吃東西。

一個警告：沒有簡單的應許

那些講述定期禁食的基督徒達至聖潔和成功的偉大故事，並不罕見。事實上，將偉大的基督徒聯繫到禁食，然後提出偉大的基督徒禁食，再提出要成為偉大的基督徒必須禁食，或者禁食令他們變得高尚，這顯得管窺蠡測，卻為人津津樂道。除了這個邏輯謬誤，還有另一個謬誤：禱告的戰士禁食，是禁食令他們向上帝禱告時，其爭戰那麼有效。我不否認很多偉大的基督徒禁食，或者很多禱告戰士禁食；但我不認為是禁食令他們成為偉大的基督徒，並令他們的禱告奏效。

這種禁食的取向，很可能是每個言及禁食的講員或作者都受到試探要在講道中抄襲或使用的，但它將我們的A→B→C模式混淆了。是的，有時禁食的人取得了偉大的成果，但那些成果不是他們的主要動機。相反，由於有重大的神聖時刻，他們的渴望自然而然地以禁食表達，是那渴望而不是禁食帶來那些成果。但再一次，它試探我們藉著談及禁食的偉大聖徒的影響，顯示禁食多麼偉大。

接下來我們轉向討論聖經和基督教傳統怎樣談論禁食，我會避免提供可說明我的論點的偉大例子——我這樣做是為了避免暗示禁食就會成功。我希望我對禁食作為回應重大的神聖時刻的取向，可以重啟靈魂和身體之間的聯繫。我祈求這聯繫會在我們裏面創造一個統一的人，自然而然地以禁食回應生命中的神聖時刻。

第三章

禁食作為身體轉向

或許聖經中最常見的禁食形式會令我們驚訝。聖經中最常見的禁食形式，是以色列對上帝呼召她認罪這個神聖時刻的回應。我稱這種禁食為**身體轉向**（body turning）。希伯來聖經，也就是大部分基督徒稱為舊約的其中一個最生動的詞語是**悔改**（repent）。Repent 譯自希伯來語 *shuv*，表示轉過身來。因此，聯繫到悔改的禁食是一種身體轉向。化為比喻時，我們可以說悔改涉及在道德上「轉過來」。我們有時說一個人「翻開新一頁」或「扭轉潮流」或「轉身」或「轉彎」——這些詞組都和希伯來語 *shuv* 的意思相關。

由於以色列人認為人是統一的，他們往往用禁食表達悔改。從罪回轉到上帝的那一刻，即從虛假的路轉到光明的路，感同上帝對以色列的罪的哀傷，這是那麼神聖，那麼充滿施恩的上帝的潛在（potential），以致以色列人選擇不進食。

關於現代教會的古怪事情是，悔改的神聖時刻是十分嚴肅的時刻，但卻很少引發禁食。想想我們的歸信和洗禮這些悔改的重要時刻——還有甚麼時刻比我們歸信的過程，更適合以禁食作為悔改的時間（time of repentance）？我們考慮過在教會年曆——不單是普世的，也包括地方的——加上集體禁食嗎？我們有時以聚餐、燒烤、宴會慶祝重要的時刻，但我們有沒有聚集禁食，從而「非慶祝」（de-celebrate）和悔改？我們是否需要更多地藉著禁食，私下親自感同上帝對我們自己的罪的哀傷，更多地認罪？我認為需要。或許我們需要更多思想這些事情，以致我們不單能領受上帝的恩典，也認知到身體和靈的尊貴及兩者的統一性。我們不都需要有身體轉向嗎？

這是理論。我們在聖經中找到的以禁食作為悔改的踐行，又是怎樣的呢？我們甚麼時候應該整個人以禁食悔改，作身體轉向？以下有四個建議，它們直接源自我們在聖經中找到的智慧。

在大齋期和聖週

上帝為以色列製訂一個年曆，給祂的百姓每年一些事情去記念，正如我們美國人記念七月四日、聖誕節、復活節、偉人誕辰。我們的國家和個人歷史因為記憶而有生命，所以上帝吩咐以色列人記念一些重大的事件。以色列的其中一個周年記念，完全用作公開和個人認罪；換句話說，那是悔改的日子。每一年，所有以色列人都聚集在耶路撒冷做一件事：為去年的罪悔改。

那天稱為贖罪日（Yom Kippur 或 Day of Atonement）。摩西說，在第七個月的第十天，以色列的兒女要守「贖罪日」（利二十三 27）。在每年的贖罪日，有幾件事情發生：以色列認罪、上帝遮蓋以色列的罪（**遮蓋**的原意是**贖罪**）、聖殿得到潔淨、以色列與上帝再次和好。

以色列的認罪必定包括禁食，或稱身體轉向。利未記二十三章 27 節說，在那天，摩西告訴以色列：「要刻苦己心。」這刻苦己心是那麼嚴肅，以致上帝警告以色列民說：「凡不刻苦己心的，必從民中剪除」（29 節），這就是所謂的嚴肅。任何人在那天作工都要被除滅（30 節），這更嚴肅。由於古以色列從日落開始，聖經說這刻苦己心的操練要由「晚上到次日晚上」（32 節）。我們有時稱贖罪日為**絕對**禁食——二十四小時不吃不喝。

利未記二十三章 27 節的「刻苦己心」的希伯來語是 *anah*，意思是「令自己受苦」或「令自己的喉嚨受苦」。幾乎所有專家都同意這裏的刻苦己心至少包括不讓自己進食，很可能也包括不喝水。大部分專家也認為，這種刻苦己心包括更多極端的做法——像睡在地上、拒絕友誼、不洗澡或不用香膏膏抹自己，也很可能包括禁戒性交。總括而言，是吩咐以色列人在一整天令自己不舒適，以致自己整個人意識到罪的嚴重性，由罪轉向上帝，與上帝和好。上帝認為這是那麼重要，以致召喚以色列每年都要守贖罪日。

我在前幾章要大家留意的**禁食**的三個元素，都在贖罪日的要求中。首先，這是認罪和贖罪及赦免的重大神聖時刻。第二，以色列對這時刻的神聖性的回應是不讓自己進食，也不讓自己的身體舒適和享樂。第三，全人參與悔改的行動——不單心、魂、思想或靈。贖罪日是以色列在禁食中回應至聖的上帝對罪的拒絕，與上帝**共感**和悔罪的時刻。

我們呢？贖罪日與今天基督徒的生活有沒有關係？為甚麼我們不能每年用一天來面對自己的罪，回應悔改的需要？我想不到任何理由。有些人想將這件事連結到猶太曆法，表達一種基督教版本的贖罪日，但另一種做法對我們而言會更自然。我們可以透過將身體和靈魂聯繫在一起，賦予大齋期(或至少受苦節)生命——當我們轉離罪，學習透過絕對禁食，或一些刻苦己心的踐行，以更整全的正直面對上帝。如果我們對自己的罪的羞恥，自我們存有的中心冒現，或者棲居在我們良心的核心——我們大部分人都知道這經驗有多麼深刻——如果身體和心合一，不進食和不給自己簡單的愉悅的念頭，便會自然浮現。

當我想到身體和靈更統一的觀念，對今天的教會有何影響時，我裏面湧現悔恨。在大齋期期間，我們很多人放棄某些東西——現代版本的「令自己受苦」。有些人禁戒所有飲料，只喝水；有些人（或許是大部分人）則禁戒巧克力、甜品、糖果或含糖的飲料。這些使自己輕微受苦的禁戒，如果正確地踐行，可以成為符號，令我們向更重大的主題敞開自己，包括罪、悔改和隨之而來我們在聖週（Holy Week；編按：又稱受難週）會經歷到的榮耀的赦免慶典。

上帝似乎缺席時

大部分人都了解禱告變得枯乾，或我們的禱告從天花板彈回來的情況。有些清晨，我們醒來時，發覺自己的生命似乎失去了上帝的同在。怎麼辦？歷代的智慧告訴我們，敏感的人在枯乾的日子禁食，藉以與上帝相交。聖經關於以迦博和以便以謝的故事顯示，上帝缺席的枯乾日子，怎樣帶領以色列至悔改的神聖時刻。而由於他們正確地回應那神聖時刻，他們再次經歷到上帝那使人蒙福的同在這個榮耀的結果。我們在這個故事中得到的，是一個意象——立約的約櫃的意象。約櫃代表上帝的同在，而這個故事，可以成為我們的故事。

在以色列初期歷史的撒母耳時代，上帝的約櫃被以色列可惡的敵人非利士人擄走。約櫃被擄的消息傳到九十八歲、引領了以色列四十年的士師以利那裏時，他向後跌倒，折斷頸項而死。對以利來說，約櫃代表上帝的同在和賜福，而約櫃被擄，代表上帝離開了祂的百姓。因此，當以利的媳婦經歷生產的陣痛，生了一個兒子，便給他起名以迦博——「〔上帝的〕榮耀離開了」（撒上四）。

但一個人的回應不足以代表整個故事。約櫃不在，體現了上帝對以色列的賜福不再。幾章之後，撒母耳明白當下約櫃不在的嚴重性，以及約櫃對上帝的賜福的意義。於是撒母耳起來，鞭策以色列人，要他們敬拜獨一的神——YHWH。撒母耳召集所有以色列人到米斯巴，在那裏，他為他們祈禱，召喚他們以禁食回應上帝的缺席。「他們就聚集在米斯巴，打水澆在耶和華面前，當日**禁食**，說：『我們得罪了耶和華。』於是，撒母耳在米斯巴審判以色列人」（撒上七 6；強調為引者所加）。那天，以色列勝過非利士人和假神，於是撒母耳立一塊石頭，稱它為以便以謝——「〔上帝的〕幫助之石」（12 節）。

我們在這裏很容易將注意力集中在 B（禁食）→ C（上帝回來）這兩欄，想到如果我們禁食，便有可能更深刻地經歷上帝的同在。這可能是真的。但讓我們再次提醒自己我們對禁食的定義：**禁食是一個人對生命中重大的神聖時刻一種自然而然、無可避免的回應**。我們應該從以迦博和以便以謝的故事看到的，不是禁食可以令上帝的賜福重臨，而是撒母耳和以色列怎樣**回應**約櫃的缺席和上帝賜福的缺席。我們不敢忘記 A 欄 —— 禁食這行動涉及的神聖時刻。以色列渴望上帝的同在，於是禁食；那渴望蒙上帝賜福。

我相信我們從這裏學到的，不是專注於我們想得到甚麼，而是專注於那一刻的重大本質。如果我們感受到上帝的缺席，那麼我相信我們是在神聖的時刻之中。我們需要讓上帝這樣的缺席，在我們裏面創造對上帝同在的渴求，禁食是我們在回應和體現上帝的缺席時可以做的一件事。我們不應視禁食為使上帝重臨的工具，而要視之為統一的人在經驗上帝缺席時自然而然會做的事情。因此我們不應該看 C，而應該看 A。

我們明白同謀關係時

我永遠不會忘記，有一個學生在聽我講了一節關於耶穌和窮人的課後，頓時眼界大開，告訴我說：「雖然我在教會長大，但我從來都不知道自己變得多麼物質主義，以及這怎樣傷害了其他人。我對自己的生命感到厭惡。」我們有多少人看電視節目、讀新聞報導，或者瀏覽互聯網時，會直面自己正不顧別人的極度痛苦而享受著極大舒適？

颶風卡塔里娜（Hurricane Katrina）蹂躪美國墨西哥灣沿岸

地區後一年多，我在新奧爾良（New Orleans）看到當地房屋上用油漆噴上的事後發現的屍體數目。大部分以前居住在新奧爾良的人仍未回到家園，數以千計房屋仍然空置，可能永遠不會再有人居住，很多學校仍未重開。新奧爾良浸信會神學院（New Orleans Baptist Theological Seminary）一位教授——沃倫博士（Dr. Bill Warren）駕車載我在一些社區遊逛時，我感到震驚。我感到自己是引致這貧窮的同謀，因為我不知道情況仍然非常糟。但沃倫和他同事、學生以及社區的努力令我得到鼓舞。

我們應該怎麼辦？我們面對這種貧窮時應該怎麼回應？聖經的智慧顯示，與上帝同行的人在這種情況下禁食。他們禁食，藉以變得更有憐憫之心。在較後的一章，我們會探討**身體貧窮**，但現在我會指出，面對我們道德上的麻木，以及我們在結構性罪惡中的同謀角色，我們的真正回應，應該是禁食。我得向你承認，我走遍新奧爾良時，甚至完全沒有想到禁食。

想一想以色列從被擄歸回，在以斯拉和尼希米領導下重建聖殿和城牆的情景。以斯拉發現許多以色列人公然違背妥拉的教導，轉而與巴比倫人通婚時，感到十分悲傷。以斯拉意識到自己是同謀，他從聖殿退下，單獨在上帝面前度過一晚。在以斯拉一生中，沒有任何時間比這一刻更嚴肅，所以他「不吃飯，也不喝水；因為被擄歸回之人所犯的罪，心裏悲傷」（拉十 6）。禁食是以斯拉表達自己與以色列在道德放縱中同謀的方式，也是他與其他偏離上帝的人感同，藉以將他們提升到憐憫人的上帝面前的方式。換句話說，禁食是以斯拉感同上帝對其百姓的旨意的方式。以斯拉在這裏的取向是A→B，承認自己在罪中同謀，在這神聖時刻，以禁食回應。他的禁食不是要得到某些東西，而是出於回應一個重大的時刻。

我們很多人都意識到人們的需要，以及論及貧窮時我們的同謀角色，並因而有所感慨；但太多時候，我們感慨，卻沒有感慨到切實去做一些事情。禁食可能是我們很多人將那一刻鎖定的最好方法；想改變自己在面對饑荒時那乏力的被動，禁食一天可能是我們最需要做的，這也可能是我們每個人使自己整個人配合上帝對窮人的心意的方法。

在歸信和洗禮時

統計數據顯示，西方世界大部分基督徒的歸信都在家庭中發生——家人在孩子還是嬰孩時替他們施洗，培育他們接受信仰，或者帶領家人個人決志跟隨基督。事實上，格里利（Andrew Greeley）和豪特（Michael Hout）近期收錄在《關於保守基督徒的事實》（*The Truth About Conservative Christians*）的一個研究指出，保守教會增長的主要原因，是保守的母親生育更多兒女。[1] 因此當我民主黨的朋友抱怨保守分子增加時，我有時建議他們教兒女多生些孩子！由於大部分歸信都在接受信仰培育的漸進社會化過程中發生，悔改這更顯著的經歷很容易成為細枝末節。很多教會幾乎完全將歸信和禁食的聯繫切斷。我完全支持培育我們的孩子接受信仰——我太太克里斯（Kris）和我盡最大的努力培育我們的孩子勞拉（Laura）和盧卡斯（Lukas）。但關注信仰的培育，不應該令我們遠離將禁食與歸信聯繫的好處。洗禮是身體轉向的大好時機。

我們大部分人都知道掃羅變成保羅的歸信故事——他看見主時，雙眼必定在顫動，身體一定在顫抖。但這個故事不單關乎掃羅遇到復活的主，進入大馬士革，長達三天甚麼也看不見。除了這些眾所周知的細節外，使徒行傳的作者也告訴我們，掃羅長達三天「也不吃也不喝」（徒九 9）。他看見耶穌的那一刻是那麼神聖，他發覺自己之前在反對上帝的作為，這發覺是那麼有力，他對自己的罪的理解是那麼深刻，他對「上帝對他的罪的哀傷」的感受是那麼深，以致用絕對禁食三天來悔罪。

從教會建立以來，歸信和禁食便似乎自然地成了一對。我們有一份來自初期基督徒的文件，稱為《十二使徒遺訓》（*Didache*），它在一世紀末或二世紀初寫成。它記載說：「在洗禮前，讓施洗的人和受洗的人禁食，任何能夠這樣做的人都應該這樣做。你們也必須吩咐受洗的人在受洗之前禁食一兩天」(《十二使徒遺訓》7.4)。留意，不單歸信的人禁食，施洗的人也禁食，還有「任何能夠這樣做的人」。在我們現代世界，羅馬天主教成年基督徒的慕道班反映了保羅和最初期基督徒的踐行。加入教會涉及指導(教理講授)、內省(在大齋期禁食)以及參與復活節的守夜彌撒(領受聖事)。我認為，將歸信的儀式安排在大齋期和復活節實在太刻意。不過，天主教的慕道班強調的歸信元素(指導、內省引發悔改、參與)，仍然是歸信的中心——而禁食處於這組合的中心。最重要的是，歸信是一個嚴肅、神聖的時刻，個人自然而然地以禁食作為回應。

我建議我們重新反思我們今天歸信過程中所欠缺的禁食這一環。當然，地方教會需要自行決定，但聖經和教會的智慧明確地促請我們重新思考我們的踐行。

身體轉向的呼籲

每當上帝的百姓需要別人提醒他們轉離罪，從而面對光明的主這嚴肅的責任——在大齋期或在發現一些罪後，無論是公開還是私人，羣體還是個人——先知約珥的話都提醒我們要做甚麼：

耶和華說：雖然如此，
　你們應當**禁食**、哭泣、悲哀，
一心歸向我。
　你們要撕裂心腸，不撕裂衣服，
歸向耶和華——你們的上帝；
　因為他有恩典，有憐憫，
不輕易發怒，有豐盛的慈愛，
　並且後悔不降所說的災。
或者他轉意後悔，
　留下餘福，
就是留下獻給耶和華——你們上帝的
　素祭和奠祭，也未可知。

你們要在錫安吹角，
　分定**禁食**的日子，
　宣告嚴肅會。

（珥二 12～15；強調為引者所加）

禁食是身體從罪轉向忠於上帝；它是整個人自身在身體中感到自在的身體言談。最重要的是，身體轉向是忠於聖經的信仰者對罪、悔改、歸信、赦罪的醫治恩典這些神聖時刻的自然回應。在下一章，我們會探討禱告，即向上帝祈求本身，怎樣自然而然地進入禁食。

第四章

禁食作為身體祈求

今天很多年青的基督徒敬拜的方式，是我從來都不採用的。他們舉手、跳舞、搖擺、用動作演示(act out)敬拜的內容。我察覺到我對他們的做法感到不自在，因為我在欠缺身體參與的敬拜形式和基督教信仰中成長。但新一代似乎明白全人與上帝相交這個聖經觀念。我相信今天在西方基督教，一種全身的靈性（whole-body spirituality）正在增長，現時的敬拜踐行是這復興的一部分。對我這一代，全人是在身體**裏**，在魂、靈、思想的隱密處運作。今天在很多教會發生的，比我那一代的敬拜風格更有身體的參與，這鼓勵我想到身體與靈的行動正融合為一。接著可能是愈來愈多人欣賞禁食——如果某些報告準確的話，有些教會已經有這種踐行了。

在聖經中，祈求、代求、禱告伴隨著禁食這身體的行動（bodied act）。為甚麼？再次是因為對重大的神聖時刻的回應。

聖經和基督教傳統鼓勵我們禁食祈求，以回應五種神聖的時刻。因此，我會將這一章的焦點放在聖經中一些我稱之為**身體祈求**（body plea）的教導。我們以全國性的道德災難，怎樣帶領古以色列人踐行身體祈求開始。

全國性的道德災難

對第二次世界大戰德國的大屠殺恰當的最初反應是甚麼？對盧旺達的大屠殺呢？對達佛（Darfur）的邪惡呢？對肯雅的暴力呢？阿富汗和伊拉克的國際衝突呢？甚或是我們間接參與的道德敗壞，例如當我們閱讀納菲西（Azar Nafisi）的《在德黑蘭讀洛麗塔》（*Reading Lolita in Tehran*）或佩頓（Alan Paton）的經典著作《哭泣的大地》（*Cry, the Beloved Country*）時看到的呢？[1] 周圍的世界在你面前倒塌，邪惡和不公義似乎掩蓋了良善和公義時，我們又應如何回應？一個聖經故事至今仍為我們指引路向。

一個利未人、一個妾侍、基比亞的眾人

我們可以思考一個利未人（在以色列神聖敬拜中心服事的人）和他妾侍的故事，這個故事記載在士師記十九至二十章，它發生在道德敗壞的風氣籠罩著上帝的百姓的時候。那妾侍來

自猶大的伯利恆，那利未丈夫來自以法蓮。那妾侍忠於自己以前的呼召，但不忠於那利未人，她回到伯利恆。那利未人去找她，找到她後，和她回以法蓮。在第一晚，他們到達便雅憫的基比亞，一個年老的男人接待他們。基比亞的男人聽到有一個利未人在他們當中過夜時，要求與這個男人交合。那男人——利未人——將他的妾侍交給暴民，他們整夜強姦她、蹂躪她。那女人總算有力氣回到老人的屋子，但卻仆倒在門口。利未人不忠於自己的呼召，他對女人說：「起來，我們走吧！」她沒有回答。受蹂躪的婦人後來死了，於是利未人將她放在驢子上。回到家後，他將婦人切成十二塊，分送到以色列的十二個支派。

對這可怕的故事可以有甚麼回應？「這樣的事沒有行過，也沒有見過……大家商議當怎樣辦理」（士十九 30）。一個國家的道德組織（moral fabric）被道德暴力（moral violence）撕破。他們應該怎麼辦？

怎麼辦？

「以色列眾人就上到伯特利，坐在耶和華面前哭號，**當日禁食直到晚上**；又在耶和華面前獻燔祭和平安祭。……以色列人問耶和華」（士二十 26～27；強調為引者所加）。在這墮落和變態——強姦、謀殺、戰爭、嗜死——當中，我們找到禁食的祕訣：這一刻是那麼重大和令人震驚地神聖，以致以色列人不能進食。他們能夠想到的，只是為罪悔改和向上帝祈求公義。

這個故事令我反胃。即使「好人」贏了，並且在這個聖經故事中，以色列似乎重建了一點秩序，我看完經文時的感覺，卻像讀《伊利亞特》（*Iliad*）或巴特勒（Samuel Butler）的《眾生之路》（*The Way of All Flesh*），又或當克里斯和我看《孽緣》（*Fatal Attraction*）這部緊張刺激的電影時那樣。是打勝了，但代價是甚麼？參與血腥、死亡、暴力之事不是變態嗎？這個聖經敘事就是這樣。對這重大情況的惟一回應是悔改、禁食、認罪，祈求上帝彰顯憐憫。這認罪、身體轉向的回應伴隨著身體祈求，可以帶來恩典、赦罪、道德組織的重整。

上帝的百姓遇到重大的神聖時刻——社會的道德組織開始瓦解時——進行身體祈求。身體、靈、魂統一行動，全人面對上帝，祈求恩典、憐憫、公義。

其他人的失敗

我喜歡摩西。他似乎是一個十分真實、堅定、立體的人物——他做愚蠢和了不起的事情，但繼續與上帝同行，直到最後。如果要說關於摩西的一件事，那就是他專注於上帝。上帝叫他得尊榮，將十誡首頒給他。摩西也有牧者—祭司心腸：

他十分在乎上帝，以致在上帝面前為百姓辯護。他對以色列是那麼了解，以致他害怕上帝會因為他們拜偶像而懲罰他們。摩西知道以色列的道德核心正在瓦解和消失。在那重大的神聖時刻，摩西以禁食回應。

摩西對自己代求的責任是那麼認真，他告訴我們關於自己在上帝面前的身體祈求的一切：

> 我就把那兩塊版從我手中扔下去，在你們眼前摔碎了。因你們所犯的一切罪，行了耶和華眼中看為惡的事，惹他發怒，我就像從前俯伏在耶和華面前四十晝夜，**沒有吃飯，也沒有喝水**。我因耶和華向你們大發烈怒，要滅絕你們，就甚害怕；但那次耶和華又應允了我。耶和華也向亞倫甚是發怒，要滅絕他；那時我又為亞倫祈禱。我把那叫你們犯罪所鑄的牛犢用火焚燒，又搗碎磨得很細，以致細如灰塵，我就把這灰塵撒在從山上流下來的溪水中。
>
> （申九 17～21；強調為引者所加）

摩西因上帝絕對的聖潔而向以色列人發怒，他知道最大的罪是拜假神，因此他以禁食四十晝夜來為他的「會眾」代求。聖經這一幕十分明確、物質、具體——上帝和摩西、金牛、禁食、磨碎金牛、將灰撒在河中。

我們發現別人剛犯了致命的罪時，應怎樣回應？這個關於摩西的身體祈求的故事，反對我們公開抱怨別人。我們形塑了批評文化的文化，變成了批評教會的教會。或許我們更多人需要迅速將我們對別人道德失敗的關注，轉為為他們獻上身體祈求，而不是公開以言語反對他們。或許我們對我們國家的失敗的關注，最好以這種方式表達——與約沙法、尼希米、以斯帖、亞拿一起，為我們的國家和縣郡及其領袖和公民禁食。[2]

別人的健康

基督教傳統不單鼓勵我們為了國家和道德衰敗轉向身體祈求，也鼓勵我們為了別人的健康這樣做。為甚麼？因為疾病引致死亡，那是生命其中一個最重大的神聖時刻。為別人的健康進行的身體祈求再次強調禁食的本質：它不是關乎以禁食操控一個局面，而是關乎**回應**一個重大的神聖時刻。

格雷格（Pete Greig）是 24-7prayer.com 的創會領袖，這事工由一次祈禱室事件，發展為基督徒在禱告中祈求上帝的國際性事工。格雷格也被《相關》（*Relevant*）雜誌視為五十位革命性領袖之一。[3]某一天晚上，格雷格的太太薩米（Samie）在抽搐中叫醒他。格雷格聽到他的愛人提出這個問題：「我怎麼了？」他告訴我們，她雙眼由夏天的藍月亮變成「白色的月亮」，她請求丈夫：「祈－祈－祈禱。」格雷格說：「於是我祈禱。我禱告得像從未試過禱告似的，無助地確信我在看著自己的太太死去。我求上帝令抽搐停止，讓她至少可以呼吸。」格雷格以他試過的所有方式禱告，但正如他承認：「我的禱告無效。」

薩米有腦腫瘤，她的腫瘤可以施行手術切除。手術後，她（很大程度上）康復了，他們的生活繼續，但已不再一樣。格雷格祈求上帝保存他親愛的太太的性命，這禱告得到應允。格雷格的《無言的上帝：在禱告未蒙應允之時》（*God on Mute: Engaging the Silence of Unanswered Prayer*）一書，描述了薩米在接受手術和掙扎著維持正常生活時所存的困惑，就是為甚麼上帝並不總是像我們希望的那樣應允我們的禱告。[4]

但未蒙應允的禱告並不阻止我們為我們所愛的人禱告。聖經中的聖徒以在禱告中面對上帝、為別人的健康祈求而為人稱道——他們往往禁食，以表達他們的身體祈求。以大衛為例，先知拿單揭發大衛搶了烏利亞的妻子，然後找人謀殺烏利亞這卑鄙的事件時，指出大衛正是「那人」（撒下十二7）。拿單宣告的審判，是大衛的愛子會死去。大衛**回應**兒子突然患病，以及他在這死亡事件中的同謀角色的方式是：他以禁食向上帝祈求，整夜伏在地上，拒絕與朋友相交——他整個星期都這樣做。上帝不「聽」他的禱告，上帝沒有改變主意，但這沒有阻止大衛的身體祈求（撒下十二 15～19）。

直到今天，即使我們明知諸事未能順心遂意，我們也不停止為別人的健康代求。禁食令這些禱告加倍真實。我寫這句話時，我敬佩的人——韋柏博士（Dr. Robert Webber）——患了癌症，正和他太太喬安娜（Joanne）坐在他們密歇根州（Michigan）的家中。醫生説他會在二○○六年聖誕節前幾個星期去世；我們現在開始感受到二○○七年芝加哥春天那溫暖的微風，而韋柏仍然和我們一起。他的情況並不樂觀，但家人和朋友仍然向上帝禱告祈求，有些人（包括我）禁食，祈求上帝保存他的性命。（事實上，在二○○七年四月二十七日，主決定接韋柏回家，但這沒有令教會不進行身體祈求。）

禁食作為我們為所愛的人進行身體祈求是理所而然的。然而，大衛甚至為他**敵人**的健康祈禱，這是革命性的身體祈求，可以對我們的世界帶來戲劇性的影響。《十二使徒遺訓》這份初期基督徒文件效法大衛的身體祈求，促請基督徒「為那些迫害你們的人禁食」（《十二使徒遺訓》1.4）。回到大衛的話：

凶惡的見證人起來，
　盤問我所不知道的事。
他們向我以惡報善，
　使我的靈魂孤苦。

至於我，當他們有病的時候，
我便穿麻衣，
禁食，刻苦己心；
我所求的都歸到自己的懷中。
我這樣行，好像他是我的朋友，我的弟兄；
我屈身悲哀，
如同人為母親哀痛。

（詩三十五 11～14；強調為引者所加）

如果敵人聽到我們為他們得醫治而禁食，敵人也可以變成朋友。身體祈求可能是世界和平最公開的祕密。

以下還有兩點，可以幫我們將禁食和向上帝祈求這兩者聯繫起來。

我們心裏的渴望

有時我們想得到一些東西；有時我們需要一些東西。有時我們十分想得到一些東西，以致將我們的希望化為身體祈求。希望和需要使我們進入「我必須得到它，我不會放棄」的處境。

在撒母耳記上一章 1 至 20 節，我們看見一個範例，一個婦人迫切的渴望，變成了在上帝面前的身體祈求。哈拿想有一個孩子，她感到自己已經等得夠久了。令事情更糟的是，她每年到敬拜中心時，丈夫以利加拿（出於憐憫）都會給她雙份祭物——一份給她，一份給她沒有的嬰孩，這只增加哈拿的痛苦。除此以外，以利加拿還有另一個妻子——就像當時很多人那樣——他另一個妻子毘尼拿有兒女，見哈拿不育，就刺激她，惹她發怒。

哈拿的不育被一些人視為來自上帝的審判，但她心裏知道事實並非如此。於是哈拿禱告和禁食。她到示羅的祭壇進行身體祈求，流淚禱告，做她之前和之後數以百萬計的人所做的事情：與上帝討價還價：「你若垂顧婢女的苦情，眷念不忘婢女，賜我一個兒子，我必使他終身歸與耶和華，不用剃頭刀剃他的頭」（11 節）。

數以百萬計的人效法哈拿。在禁食那麼不受歡迎的時代，哈拿可以成為一個榜樣：一個統一的人，透過禁食向上帝祈求，表達神聖的渴望。再次留意，她的禁食是**回應**一個重大的情況——不育。她以禁食回應自己的不育，希望上帝應允她，而上帝確實應允了她。

來自上帝的引導

學生經常約我討論他們生命中的「上帝的旨意」。有一次，一個學生在考慮前路時，感到特別困難。我建議他禁食一兩天——在進一步反思後，他說他已明白上帝的旨意！

言歸正傳，當我們面對分叉路或滑溜溜的路、在黑夜中走過不明的境地時，禁食的智慧的確是我們看得清晰和得到主賜福的穩妥方法，因為禁食表達了統一的人在禱告中面對上帝。這句話將三欄都連結在一起——A 欄的神聖時刻、B 欄的禁食、C 欄上帝的回應。A 欄的重大神聖時刻是一個未知的奧祕，是我們想清楚知道上帝呼召我們做甚麼的渴望。

當以色列的兒女（猶大）在巴比倫生活了很長時間，差不多要在以斯拉的帶領下歸回時，他們禁食。在巴比倫附近的阿哈瓦河（river Ahava），他們捨棄慣常的舒適和快樂，禁食，藉以祈求上帝在他們長途跋涉回到應許之地時，引導和保護他們（拉八 21～23）。以斯拉是有信心之人，他恥於求王派士兵保護上帝的百姓，於是在禱告中尋求主的保護。他的禱告蒙應允，上帝的百姓最終回到家園。

多個世紀之後，掃羅（後來叫保羅）成了迅速發展的基督教運動的一員。在安提阿的基督徒聚會聚集了一些先知和教師，他們敬拜和**禁食**，那時，上帝透過聖靈說出一些話，開始了教會歷史上最重要的宣教旅程：「『要為我分派巴拿巴和掃羅，去做我召他們所做的工。』於是禁食禱告，按手在他們頭上，就打發他們去了」（徒十三 2～3）。這禁食使他們得蒙上帝確切的引導，但它原本是出自回應一個不知該怎麼辦的嚴肅狀況。

這些經文強調的，不是禁食令思想清晰，好打開窗戶讓上帝的光進來。經文的強調在於**上帝的百姓渴望明白上帝的旨意**。他們專注於神聖的時刻，多於利用禁食作為得到他們想要的東西的工具。他們的確想得到一些東西，他們向上帝祈求，希望得到它們。但我想強調的是，這裏有一個真正的屬靈平衡（genuine spiritual balance）：這些虔誠的人遇到了渴望明白上帝的旨意這重大的神聖時刻，這渴望推動他們進行身體祈求。

一個鼓勵

在禱告祈求時加上禁食不是一種魔術，可以確保能得到我們想要的答案。禁食並不是支撐我們禱告那搖搖欲墜的牆的支柱，它也不是操控的設備。我們禁食，是因為生命中出現了一個狀況——我們稱之為神聖的時刻——它令我們有一種深切的渴望。我們禁食，是因為我們的祈求是那麼熱切，以致在我們那神聖的渴望中，進食似乎是一種褻瀆。

當統一的人將自己全然向上帝獻上，為某事或某人祈求時，身體祈求便發生。那古老的聖經傳統，源自阿哈瓦河以外，流入整個教會歷史，促請忠心的基督徒進行身體祈求。用耶穌的兄弟雅各的話來說，有時我們得不到，是因為我們不求。有時我們得不到，是因為我們不十分渴望得到（雅四 2）。禁食可以是統一的人轉向上帝，毫無保留地向上帝祈求的方式。

第五章

禁食作為身體哀傷

我觀察到有人去世時，一種深刻的本能引發人們做兩件事：壓抑進食的慾望，同時又帶食物給相關家庭。我參加的每個喪禮完結時，喪家和朋友都在地方教會聚餐。一起進餐表達了我們對彼此的愛，特別是我們對哀傷的家庭的支持，這是合宜的。在喪禮後一起進餐打破了死亡最初帶來的震驚，那震驚往往引發禁食；這進餐也使我們一起面對將來。

朋友在一個家庭喪親時帶食物到那裏這個習俗，表達了禁食作為身體言談的核心。所愛的人死去，肯定是生命中最重大的神聖時刻，對這時刻自然而然和無可避免的回應，是杜絕帶來愉悅的慾望，例如進食。延續我們的 A → B → C 框架，身體哀傷（body grief）完全是對重大情況（A）的回應（B），而絕對不是帶來某種報酬（C）的工具。我相信身體哀傷是所有禁食踐行的基礎；如果我們學習將禁食視為對重大神聖時刻的回應，一切便合情合理。而正如我們會在後面各章看到，禁食的回應性質，實際上澄清了基督徒對禁食歷史的一些問題和誤解。

為甚麼有人去世時要禁食？因為我們對死去的人的尊重和哀傷是那麼大，以致於沉溺在任何愉悅中，都會將那尊重和痛苦非神聖化。清醒的人不以飲酒淹沒我們的哀傷，也不以食物沖走我們的哀傷，而是喝死亡的苦杯，藉著在禁食中保持徹底的清醒，以全然的明晰，將恩典這禮物獻給喪親的人。而且，身體哀傷也是與哀傷的家庭同情共感的行動。禁食引致的不適，在哀傷的人裏面引發與喪家情感的認同，作為對那家庭的支持和安慰。讓我再說一遍：有人去世帶來的痛苦是那麼強烈，或者那一刻是那麼陰鬱，或者莫名的感覺是那麼深刻，或者與上帝的相遇是那麼深切，以致我們發覺進食會使我們從回憶死去的人、從哀傷的家庭的經驗，以及從死亡的現實中分心。憂愁那麼折磨我們，以致我們忘記進食。

那一刻的神聖性是可感知的；而進食似乎是一種褻瀆。這個主題，在整本聖經和整個基督教傳統中都可以找到。

大衛和他那極度哀傷的世界

身為以色列的王，大衛既編寫音樂，也唱歌。但由於生活在動盪的時代，他見證了很多死亡，因此和周圍的人一樣充滿哀傷。大衛最好的朋友是約拿單，約拿單的父親是掃羅——以色列第一個王。

大衛注定要填補掃羅的王位，但失去權力這個前景令掃羅極之不悅，於是他密謀殺死大衛。一天，掃羅對兒子約拿單發怒，因為這個年青人忠於大衛。掃羅是那麼憤怒，以致試圖掄槍刺死約拿單。如果掃羅因為自己的兒子喜歡大衛，連他也想殺死，那麼大衛存活的機會實在十分渺茫。

這次與父親的計劃產生衝突，令約拿單以禁食回應自己最好的朋友大衛無可避免的死亡（撒上二十34）。留意聖經怎麼說：「於是約拿單氣忿忿地從席上起來，在這初二日沒有吃飯。他因見父親羞辱大衛，就為大衛愁煩。」約拿單的禁食不是聯繫到身體祈求，要保存自己或大衛的性命。約拿單的禁食是我們在整本聖經都找得到的：**回應**重大的情況。他為了自己確定的事情，就是朋友大衛即將會死，以及他父親帶給大衛的羞辱，因而感到震驚，所以開始為大衛禁食。

這件事發生後不久，聖經告訴我們，掃羅自己死了（撒上三十一）。非利士人在戰爭中殺了約拿單和他的兄弟。然後，受傷的掃羅哀求替他拿武器的人一劍殺死他，讓他在敵人以羞辱他的方式殺死他之前死去。那替他拿武器的人拒絕，於是掃羅自殺。雖然掃羅死了，但狂熱和報復心重的非利士人認為這還不夠，他們發現掃羅的屍體後，將它掛在伯珊城的牆上。這羞辱的消息傳到以色列人那裏後，基列．雅比一些英勇的人取回掃羅和他兒子被羞辱的屍體，帶回家裏，然後禁食七天（13 節）。再一次，這裏的身體哀傷是對死亡的回應，不是為了得到一些東西而踐行的操練。這種回應的因素是禁食的偉大屬靈傳統的核心。

大衛已經建立了一種為敵人禁食的生活方式，因此他為掃羅及其兒子的死而哀傷，但他特別為約拿單而哀傷。為了表達這哀傷，大衛為掃羅及其家人和整個國家禁食（撒下一 12）。大衛自己的軍事領袖約押謀殺了掃羅的軍事領袖押尼珥，這事發生時，大衛再次為了死亡而哀傷，因而禁食（三 35）。這次他和他的百姓撕裂衣服，披上麻布，受苦哀傷。

除了這些禁食的例子外，古人的哀傷也以我們今天看來似乎有點誇張的方式表達。除了上面提到的撕裂衣服和披麻外，死亡也會令哀傷的人弄亂自己的頭髮，甚至拔出其中一部分；又或將塵土撒在自己頭上和衣服上，甚至令人在塵土中打滾。即使這些不是我們採取的方法，哀傷卻是我們其中一個基本的實況。有時我們對聖經是那麼寫實而感到驚訝，以下詩篇提醒我們，哀傷曾經（和現在）多麼真實。

詩篇七十七篇的哀傷過程

一天，在高聲閱讀詩篇時，詩篇七十七篇令我驚訝。我在這首詩中發現一個人如何從哀傷的深淵，走向確定的信心，相信上帝沒有缺席。詩人發現，因為他曾經驗上帝缺席時上帝實然的同在，現在的光景亦然，上帝依然與他同在。根據我到目前為止在本書中所論說的，我想指出詩篇七十七篇是禁食者的禱告。雖然這首詩沒有直接提到禁食，但禁食的基本回應性質，在這首詩的言語中自然流露。這些言語是古以色列人和基督徒以禁食作為自然回應時發出的。

這首由亞薩所寫的詩，頭三節表達了亞薩哀傷的實況；他除了為重大的情況哀歎外，無力做任何事。

我要向上帝發聲呼求；
　我向上帝發聲，他必留心聽我。
我在患難之日尋求主，
　我在夜間不住地舉手禱告；
　我的心不肯受安慰。
我想念上帝，就煩躁不安；
　我沉吟悲傷，心便發昏。

（1～3節）

那些哀傷的人無懼說出心裏和靈魂深處的話。在上面最後兩行，亞薩說，就連想到上帝也令他哀歎！那是在上帝面前的誠實。

亞薩接著轉而抱怨上帝：他為自己的情況責怪上帝，他想到自己經常追想上帝過去的作為；然後他懷疑上帝是否關心他，哀歎上帝由慈悲的上帝變成遙遠、冷漠的上帝（4～10節）。亞薩有一些重大的問題問上帝，這些問題源自他面臨的重大情況。

你叫我不能閉眼；
　我煩亂不安，甚至不能說話。
我追想古時之日，上古之年。
我想起我夜間的歌曲，捫心自問；
　我心裏也仔細省察：
難道主要永遠丟棄我，
　不再施恩嗎？
難道他的慈愛永遠窮盡，
　他的應許世世廢棄嗎？
難道上帝忘記開恩，
　因發怒就止住他的慈悲嗎？

（4～9節）

雖然亞薩在這首詩中沒有提到禁食，但他在這裏描述的，是一種引發禁食的重大神聖時刻。以哀傷回應這種神聖時刻，現在則成了思想上帝過去的作為。我們在 10 至 20 節亞薩思想他的哀傷時，感受到他的信心（和釋然？）。

我便說：這是我的懦弱，
　但我要追念至高者顯出右手之年代。

我要提說耶和華所行的；
　我要記念你古時的奇事。
我也要思想你的經營，
　默念你的作為。
上帝啊，你的作為是潔淨的，
　有何神大如上帝呢？
你是行奇事的上帝。
　你曾在列邦中彰顯你的能力。
你曾用你的膀臂贖了你的民，
　就是雅各和約瑟的子孫。〔細拉〕

上帝啊，諸水見你，
　一見就都驚惶；
　深淵也都戰抖。

雲中倒出水來；
　天空發出響聲；
　你的箭也飛行四方。
你的雷聲在旋風中，
　電光照亮世界；
　大地戰抖震動。
你的道在海中；
　你的路在大水中；
　你的腳蹤無人知道。
你曾藉摩西和亞倫的手引導你的百姓，
　好像羊羣一般。

（10～20節）

以色列人和基督徒理解禁食的天賦全在這裏：亞薩哀傷（也很可能禁食），不是為了尋求安慰。他哀傷是因為他感受到那神聖時刻的嚴重性——雖然他沒有告訴我們細節。他的哀傷肯定是A→B的舉動。亞薩被他周圍發生和沒有發生的事情淹沒了。他確信上帝應該做一些事，但上帝卻沒有做。

在這首詩中，我們可以看見亞薩有一絲盼望：他似乎藉著思想上帝在以色列歷史中的作為，從而越過自己的哀傷，找到安慰。

哀傷和禁食

關於禁食的書籍極少提到禁食和哀傷以外的事，因為哀傷可能是連繫各種禁食的線索。我們可以說，人的身體轉向，表達了個人對罪的哀傷，這哀傷是那麼深，以致個人拒絕進食；而且，我們對上帝的很多身體祈求，都源自我們無法承受某些情況而感到哀傷，或者因為某個我們沒有能力滿足的要求——直到我們與上帝同在。而即使是操練性禁食（身體操練）——我們尋求持續在愛和聖潔中成長，也就是下一章的主題——我們也往往因為自己缺乏愛，或自私，或因為周圍的世界同樣失敗，以致我們是在被哀傷的眼淚沾濕的泥土中成長。

近年學者強調：禁食作為身體盼望時，終末論是其推動力。正如（我們會在第十章討論）耶穌說，猶太人那作為預期國度降臨的禁食踐行，要在祂——新郎和祂國度的同在——與他們同在時暫停；但當祂回到父那裏後，禁食會恢復（路五35）。禁食既出於渴望國度的公義，同時亦由對此時此地的世界缺乏公義、和平、愛而感到哀傷推動，這並非罕見。

因此，對禁食而言，哀傷並非如一個奇怪的親人，只因為不幸地是家庭的一分子，所以不得不請邀他到家裏過節，完全不是這樣。身體哀傷或許是所有關乎禁食的行動中最純粹的例子：一個人，因為神聖的時刻而被懾服，選擇不進食，藉以潔淨自己，與上帝相交，全然參與生命中哀傷的時刻。

禁食最為人誤解的方面將在下一章討論，我稱之為**身體操練**——選擇不進食，藉以勝過罪慾，變得更聖潔。如果身體操練使我們專注於這操練背後那重大的神聖時刻，那麼我們會發現世界各種宗教中，最常見的禁食形式的祕密，其中包括基督教操練性禁食的傳統。

第六章

禁食作為身體操練

關於禁食，其中一本最富吸引力和最好的書，是法國皮埃爾—奎—維爾修道院（Abbey of La Pierre-qui-Vire）的修士德沃蓋寫的。他的小書《喜愛禁食：修道的經驗》（*To Love Fasting: The Monastic Experience*）幾乎完美地表達了身體操練（body discipline）。[1]事實上，他的操練性禁食踐行是那麼溫和，以致我對於要稱他那種禁食方式為「身體操練」，也有點猶疑。《喜愛禁食》就是這樣——喜歡一種由神聖節奏和禁食調節的生命。描述身體操練的最好方法，是講述這個修士的故事。

這個修士在淩晨三時起牀，進行晚課禱告和閱讀一個半小時，然後在早上進行大約四小時的研究等職務。他不吃早餐或午餐，在中午花時間與信仰羣體一起，然後帶著一盒晚餐回到隱居處。下午他繼續研究和守禱告的午課，接著花一小時進行體力勞動，然後散步和默想。在上次進食之後過了差不多二十四小時，他這樣說：「我的思想此時最明晰，我的身體有活力和妥帖，我的心輕鬆和充滿喜樂。」[2]他在六時半吃晚餐，花了差不多一小時，一邊進食一邊閱讀。接著他守晚課、洗澡、進行晚禱，然後睡覺。對某些人來說，德沃蓋的生命是閒適恬靜的。

德沃蓋禁食，藉以促進屬靈模塑。根據前幾章，我們應該指出，他的禁食不是關乎悔改、哀傷或代求，我們稍後會就此有更多討論。德沃蓋的禁食不是A→B形式的禁食，而是B→C。他的禁食生命是近乎獨處的喜樂節奏。禁食給他「愉快的下午」，對他「整個道德生命有深刻的影響」。性幻想似乎消失了，其他令人煩擾的情緒亦然。而且，他的禁食明顯有**工具**成分，正如他描述：「我想（我喜樂的）原因是對原始的胃口——進食有某種控制，使自己更能控制性慾和具侵略性的其他行為。如此，禁食的人彷彿更是自己，擁有自己的真正身分，較不倚賴外在事物或受它們在他裏面引起的衝動影響。」[3]他察覺到自己身為修士的獨特召命和位置，他的生命沒有受到各種家庭瑣事、忙碌、娛樂的影響。不過，以他教牧的眼光對非修道的基督徒的觀察，他提出這個建議：「我認為訓練自己進食實際必需的最少量（食物）是健康的。」[4]最近我一位擔任聖公會牧區主任牧師的朋友梅羅拉（Rob Merola）在我們討論本書的一些主題時對我說：「你會因為我們實際需要的食物是多麼少而感到驚訝。」

即使你將德沃蓋的生活理想化，即使你知道這種生活對你的好處，即使你想有這種生活但不能付諸行動，我們也不能在聖經中明確找到他所提倡的操練性禁食。身體操練作為禁食的一種**工具**形式，或許是人們對禁食最常見的理解。它使我們對禁食產生最普遍的誤解，以為我們禁食是為了得到一些東西。因此我們需要檢視身體操練的發展的聖經和基督教基礎。

你可能在想：我不相信身體操練是錯的。然而，我確信我們對 A → B → C 取向的理解可以豐富它。提倡身體操練的人需要更留意 A 欄——推動禁食作為每天，而不是偶然對重大神聖時刻的回應。

一個出發點

或許如果我們閱讀以下來自聖公會《公禱書》(*Book of Common Prayer*) 的禱告，我們可以找到最重要的神聖時刻，重大得足以促使我們建立身體操練。事實上，我相信身體操練的概念和神學特徵，可以在這歷久常新的禱告中找到(編按：譯文出自香港聖公會版本，後同)：

全能的上帝：

祢知道我們無力自救，求祢保守我們的身體和靈魂，使我們外不遇傷害身體的禍患；內不存傷害靈魂的惡念；

藉賴我們的主耶穌基督；聖子和聖父、聖靈，惟一上帝，一同永生，一同掌權，永世無盡。

阿們。

身體操練的基礎神聖時刻，是當我們意識到罪、意識到人的軟弱，需要上帝加力的恩典，渴望返回生命，藉以找到我們的中心，變得更有愛、更聖潔。在上面的禱告中，我們看見二元思想——「外……身體……內……靈魂」——但它不一定墮入二元論的陷阱，以為靈魂重要，身體不重要。當我們肯定身體和靈魂那固有的聯繫時，身體操練便開始發揮它的角色——作為一種可行的模塑靈性的操練。當我們花更多時間思想我們的道德軟弱並渴望受到轉化時，身體操練就會變得自然和可取。

因此，我們可以從這個禱告學到：如果我們認真看待我們必朽的光景和我們的道德生命，如果我們明白我們的身體和我們的魂（或靈）是密不可分地聯繫在一起的，身體操練這肉身的行動，便像禁食作為回應死亡或悔改那樣自然。事實上，身體操練就是設計來——如果我們認真思想它——操練持續悔改的生命，好讓我們有持續的道德進步。

雖然直到二、三、四世紀，身體操練還沒有完全發展成熟，但重要的是我們能否在最初期的基督徒身上找到這踐行。讓我們來看一看。

保羅和身體操練

留意使徒保羅在哥林多前書九章那發人深省的認信。在這段經文，我們可以看到一個身體操練的範例：

> 豈不知在場上賽跑的都跑，但得獎賞的只有一人？你們也當這樣跑，好叫你們得著獎賞。凡較力爭勝的，諸事都有節制，他們不過是要得能壞的冠冕；我們卻是要得不能壞的冠冕。所以，我奔跑不像無定向的；我鬥拳不像打空氣的。**我是攻克己身，叫身服我**，恐怕我傳福音給別人，自己反被棄絕了。
>
> （林前九 24～27；強調為引者所加）

禁食作為身體操練——透過魏樂德的很多著作——今天得到有力的提倡——如果不是重大復興的話。他長期提倡我們不單應該回到耶穌和保羅的教導，也應該回到他們的踐行。他也提倡，如果我們像耶穌和保羅那樣操練身體，我們的屬靈生命會更有力度。[5]魏樂德指出重要的一點：「在歷史上，我們這個時代不受限制的享樂主義（hedonism）來自十八世紀快樂的理想化，再透過十九世紀，英國將愉悦作為『眾人**當享**的福祉』這種意識形態流傳下來，最後變成我們今天社會中的『感覺良好』。」[6]

沒有甚麼比歷史的這些發展更與身體操練背道而馳。

魏樂德提醒我們，如此渴求愉悅和快樂，並不是保羅的做法；保羅所處的世界，不經訓練而能夠在道德或社交上進步，是難以想象的。禁食作為屬靈操練的一個元素，是與保羅的世界相融的。接著，魏樂德像我們較早時引述的《公禱書》的禱告一樣，高調主張我們有內在和外在面向。但我們今天需要重新強調的，是一切都透過**身體**，並在**身體**中發生。如果身體不做靈知道是好和正確的事情，我們便必須令身體與之配合。保羅的話所肯定的，是要令身體與道德生命回復一致。因此，我們在使徒保羅身上找到了身體操練的初期指標。我們可以說，如果你操練身體，靈也會跟隨。

我們在這裏容易走錯路。我們很多人受到試探，要藉禁食得到一些東西——罪蒙赦免或禱告蒙應允（B→C的取向）。身體操練不是關乎問題即時得解決；相反，身體操練預備基督徒打持久戰。這種操練，和本書描述的所有其他禁食一樣，表達了一種全面的渴求：更聖潔、更有愛，更回應上帝、自己、別人、整個世界。身體操練不是為了一個迫切的需要和即時的答案，因而熱切禁食，藉以回應那些需要；而是關乎一生的參與，藉以在個人的神聖旅程中達致道德和靈性的進步。進步是以數十年，而不是以數天來衡量的。

這屬靈操練的核心是重大的神聖時刻，我們需要再次提到它。閱讀前一段最後幾句，或者細心閱讀魏樂德或德沃蓋的著作字裏行間的含義，你會看到，是重大的神聖時刻引發禁食的回應。那是一種怎樣的時刻？那是一種明白我們需要在恩典中成長，脱下罪，變得更有愛、更聖潔的神聖時刻。身體操練使它由每天回應世界的即時行動，變成持續地更新而變化的道德狀態。

保羅將基督徒的生命比作運動員的操練生涯，是因為前者需要穩定地進步，他寫道：「凡較力爭勝的，諸事都有節制」（林前九 25）。

我的兒子盧卡斯已經參加了五季籃球少年聯賽。這運動的操練本身帶來了滿足感，也將運動員與其他有類似操練的運動員相連，而它那操練的程度有時令我們感到驚訝：節食、舉重、跑步、伸展運動、心理準備，細節控制、衣服和鞋子，更別提拚命與對手較量，這一切都是運動員的生活方式的要素，我們在盧卡斯進入球員的生涯後都習慣了。

如果當代世界對運動的著迷，與羅馬帝國和保羅身處的世界有別，也只是在細節上不同——希臘人和羅馬人毫不掩飾他們喜歡體育活動和競賽。品達（Pindar）寫下了現在讀來仍然有趣的體育競賽《頌歌》（*The Odes*）；教育在「體育館」（大概是「赤裸的男人摔跤的地方」）進行；馬拉松和十項全能在保羅的時代之前已經十分重要；搏擊運動吸引數以千計人，對手有時在支持者的嘲笑或歡呼聲中倒地死去。考古學家發現，有很多證據顯示體育活動處於古代世界的核心地位。[7]就像隊牧在賽前鼓勵職業足球員，保羅視基督徒的生命有如運動員的操練；在提摩太前書四章7節，他說：「在敬虔上操練（*gymnaze*）自己。」事實上，他將「靈性—體育訓練」放在比「身體—體育訓練」更高的位置：「操練身體（*somatike gymnasia*），益處還少；惟獨敬虔（*eusebia*），凡事都有益處，因有今生和來生的應許」（8節）。

因此，難怪基督徒最終將禁食重塑為成熟的身體操練的踐行。保羅提倡全人（身體和靈魂）與慾望爭戰，藉以「將自己獻給上帝」（羅六13），他促請其他基督徒「治死你們在地上的肢體，就如淫亂、污穢、邪情、惡慾，和貪婪，貪婪就與拜偶像一樣」（西三5）。沒有甚麼比加拉太書五章24節更清楚：「凡屬基督耶穌的人，是已經把肉體連肉體的邪情私慾同釘在十字架上了」，或者「若靠著聖靈治死身體的惡行，必要活著」（羅八13）。保羅視基督徒的生命為身體操練：魏樂德主張，保羅的爭戰得勝，其部分原因是保羅建立了像禁食這樣的屬靈操練。

魏樂德很可能是對的。但我們對聖經說了甚麼和沒有說甚麼要公平一點。雖然魏樂德對將操練作為靈性成長的身體訓練場充滿熱誠，但我們必須指出，保羅沒有明確將他攻克身體的操練聯繫到禁食。使徒行傳記載保羅在歸信時禁食（徒九9），也記載他與人一同禁食，藉以得到上帝的引導（十三2～3，十四23）。但保羅自己只兩次提及我們今天所理解的操練性禁食。以下是這兩段經文：

> 反倒在各樣的事上表明自己是上帝的用人，就如在許多的忍耐、**患難**、窮乏、困苦、鞭打、監禁、擾亂、勤勞、警醒、**不食**。
>
> （林後六4～5；強調為引者所加）

> 受勞碌、受困苦，多次不得睡，**又飢又渴，多次不得食**，受寒冷，赤身露體。
>
> （林後十一27；強調為引者所加）

讀這兩段經文的大部分讀者都問同樣的問題：這是禁食還是迫害？是別人不給保羅食物和水，還是保羅自己在操練靈性？根據我的判斷，迹象並不清楚。但根據保羅將持續的道德進步比作運動員的操練，保羅很可能是以禁食作為身體操練的初期提倡者。

因此保羅很可能提倡定期禁食，好讓我們在靈性上成長。但關於今天基督教世界最常見的禁食形式，還有另一個來源。

例行的身體操練

身體操練源自「固定的禁食」——也就是每星期固定安排一或兩天由晚餐禁食到第二天晚餐，或者由晚餐禁食到第二天下午，白天不進食（甚或不喝水）。為這種身體操練辯護的邏輯十分簡單：敬虔的猶太人一星期禁食兩次；耶穌和祂的追隨者都是敬虔的，因此他們也一星期禁食兩次。生命很少可以簡化為邏輯，但在這裏，生命似乎如此。以下我將提供一個對身體操練的簡短辯護，它源自耶穌的時代。

耶穌針對虛偽的敬虔，說了一個典型的故事：一個法利賽人走到聖殿祈禱說：「上帝啊，我感謝你，我不像別人勒索、不義、姦淫，也不像這個稅吏。**我一個禮拜禁食兩次**，凡我所得的都捐上十分之一」（路十八 11 ～ 12；強調為引者所加）。耶穌說那個典型敬虔的法利賽人一星期禁食兩次，我們從其他資料可以得知，這種固定的禁食是猶太人必須做的。我們或許需要提醒自己，耶穌並不反對禁食，正如祂不反對什一奉獻——祂反對的是自大自義，即一個人做正確的事，但在上帝面前卻自負。如果敬虔的猶太人一星期禁食兩次，耶穌和祂的追隨者也可能這樣做——至少在他們一起的部分時間這樣做。

與耶穌在比喻中公開展示的典型虛偽不同，真正敬虔的猶太人的禁食例子是亞拿——西面在聖殿的同伴，她在聖殿住宿，等候上帝為窮人帶來公義。留意她的禁食，那是回應上帝遲遲未開展祂的國度。關於亞拿，路加告訴我們：她「並不離開聖殿，**禁食**祈求，晝夜事奉上帝」(路二37；強調為引者所加)。這個婦人似乎每天禁食——也就是由早餐到黃昏都不吃甚或不喝，或許她和德沃蓋一樣，每天由黃昏禁食到第二天黃昏。固定踐行禁食，就是我所說的**身體操練**。

比指出耶穌的追隨者禁食更關鍵的，是經文顯示耶穌的同代人因為祂的門徒**不**禁食而感到驚訝(可二18～22)。他們問耶穌：「約翰的門徒和法利賽人的門徒禁食，你的門徒倒不禁食，這是為甚麼呢？」(18節)。我們會在第十章討論這「終末的禁食」，但現在我們需要指出，猶太人對以禁食操練敬虔，是那麼習以為常，以致耶穌不禁食令人感到驚訝。我們可以安全地推測，耶穌明顯暫停禁食，但只在**祂和祂的彌賽亞羣體一起的時候**。最值得留意的是，耶穌預言，在祂「離開他們」**後**，祂的門徒會恢復猶太世界的固定禁食(20節)。

而這正是我們發現的，雖然它記錄在一本不被收錄在新約的初期基督教書籍中。那著名的句子可以在《十二使徒遺訓》8.1中找到：「但不要讓你的禁食與虛偽的人的禁食相同。他們在星期一和星期四禁食，因此你必須在星期三和星期五禁食。」即使作者的動機，是渴望在猶太人和初期基督徒之間劃下清楚的界線，證據明顯證明了很多初期基督徒確實在星期三和星期五踐行固定的禁食。他們吃早餐，接著禁戒食物（或許也禁戒水），然後在晚餐停止禁食。他們也可能吃晚餐，然後禁食到第二天中午。因此，身體操練源自耶穌的時代。

初期基督徒禁食似乎是可以確定的事實。但**為甚麼**他們這樣做，我們卻不清楚；我們應該小心，不要將我們的動機強加在他們身上。他們禁食是為了促進他們的道德進步嗎？是為了勝過罪和慾望嗎？是為窮人建立基金，供應他們的需要嗎？是花時間在禱告中向上帝祈求嗎？他們是否視某些人為主的士兵，禁食保護羣體，就像站崗的士兵保護他們的羣體？很可能這些答案都是正確的——但誠實的學生會承認，我們實際上並不知道為甚麼初期基督徒踐行固定的禁食。

即使我們並非總能夠辨別為甚麼最初期的基督徒禁食，但我們可以肯定，是一些重大的神聖時刻推動他們禁食。根據我們已經討論的主題，合理的推測是：身體操練回應罪的存在、回應破碎世界的現實、回應我們對聖潔和愛的渴求。

教會傳統開展身體操練

我相信身體操練是聖經人物，以及初期基督徒的踐行及其信念的合理發展，但我也相信身體操練有可能變成危險的誇張之舉。[8]一切都與身體形象有關：只要整全地看人——身體和靈魂——只要禁食是回應重大的神聖時刻，基督徒禁食的發展便會是良好的。但身體一旦被視為罪慾的暫居之所，禁食便很容易變得危險。

為了說明我提及的危險，我們可以看看一個明確的例子。柱頂修士西門（Simeon the Stylite）想不進食而度過前後至少四十天的大齋期。經過多年操練的努力，他的意志力足以使他在整個大齋期都不進食。最終他綁起自己，以致禱告時能以自己的力量保持挺直。正如德沃蓋對西門的描述，那是「對自我的偉大征服。」[9]確實是這樣，但卻不重要或必要，肯定也不值得效法。我們必須問，這豈不是有力地顯示了意志力，而不是靈性真正成長的例子？

適度

在星期三和星期五踐行禁食，很自然地變成基督徒自覺地管束身體慾望的行動，讓全人活在上帝的旨意中。身體不應被視為怪物，是罪慾需要受到管束。要管束慾望，沒有甚麼方法比建立拒絕這些慾望的習慣更好。關於禁食，其中一本最廣受閱讀的書籍是華理斯（Arthur Wallis）的《神所揀選的禁食》（*God's Chosen Fast*）。華理斯很好地表明了我們的觀點：「我們不必將爐柵中的火熄滅，只需阻止炭掉出來，避免令那地方著火。」[10]

初期基督教發展良好的一面，是以適度的禁食操練，令慾望的炭——大部分是性慾，但也包括貪心——不會掉出來，令整個基督徒羣體著火。

獨身和征服性慾

隨著獨身被視為理想的基督徒生命這風氣的興起——本書不會進入這最具爭議的發展——操練禁食變成了征服性慾的主要方式。每當獨身被理想化，身體的形象總有變得僵化的可能。今天的醫學研究證明，如果你餓得夠久，或者用更具宗教意味的說法，如果你禁食得夠嚴格，性慾會大大減弱——其他慾望也會減弱。其實這些慾望很多都和渴望性關係的慾望同樣正常。

埃及的聖安東尼（St. Anthony of Egypt）是苦修士的典範，他以吃得極少而聞名。初期基督教世界的基督徒受他啟發，開始嘗試更徹底的禁食，有些由對身體不健康、不合符基督教的身體觀推動。這裏只提一個例子。偉大的初期基督教人物耶柔米（Jerome）在《第一個隱修士保羅的生平》（*Life of Paul, the First Hermit*）中寫道：「我呼喚耶穌和祂的天使作證……我見過一些修士：一個隱居了三十年，只以粗麥麵包和污濁的水為生；另一個每天只吃五個乾無花果度日……對那些不相信『在信的人凡事都可能』的人來說，這些事情顯得不可信。」[11]徹底的禁食變成很多人的理想；不必留意字裏行間也能知道，這些理想很容易帶來神經性厭食症（anorexia nervosa）或使人餓死自己。人們往往指出，錫耶納的聖凱塞琳（St. Catherine of Siena）和聖法蘭西斯（St. Francis）就是自己餓死自己的。但不單他們這樣禁食。

徹底的禁食特別聯繫到女性，這部分是因為男性認為女性有誘惑力。往往走向極端的耶柔米曾經這樣描述理想的女性：「哀歎和禁食，渾身污穢，幾乎因為哭泣而瞎眼……詩篇是她的音樂，福音是她與人的交談，節制是她的奢侈，她的生命是禁食。**沒有其他（婦人）可以給我樂趣，除了那些我從未見過她們進食的。**」[12]這令女性不得安寧，某程度上也為女性重塑了身體形象。我太太是心理學家，她看到太多女性有不讓自己進食這個問題；我在大學任教，可惜當中也有幾個學生患上神經性厭食症，甚至餓死。我聽到耶柔米關於徹底禁食的言論時，看到生死攸關的事情，而不單是宗教操練。這些理想可以很容易變得危險。

困難：身體操練變成身體戰爭

我不否認我們每個人都要與情慾、貪心、驕傲、權力和其他非人化（dehumanizing）的慾望爭戰。甘地（Mohandas Gandhi）在與其他人一起禁食以建立自制後說：「不過，對我來說，我確信我在身體和道德方面都從中大大得益。」[13]禁食可以由 B 欄的回應到達 C 欄的成果。我的關注是：聖經對以禁食作為征服怪物的方法——也就是作為靈克服激情，或魂在拚個你死我活的戰爭中勝過肉體的方法——幾乎完全沒有興趣。對很多人來說，禁食是關乎對抗身體的戰爭。用我們的話來說，那是關乎 B → C，關乎以禁食作為**工具**，我們禁食，藉以從中得到一些東西。更明確地說就是：對一些人來說，禁食超越身體操練，成了身體戰爭。由於我們太常忘記禁食是為了回應神聖的時刻，以致身體戰爭有時站在舞台的中央。

教會得以知悉身體操練（或身體戰爭）的其中一個原因是聖安東尼，他的生平記載在聖亞他拿修為他寫的傳記。[14]正如聖亞他拿修談到安東尼：「他的格言是：身體的慾望最薄弱時，靈魂便會精力旺盛。」經過二十年的苦修獨處後，安東尼進入社會，「他靈魂的狀態是純潔的……（因為他）自己完全受控——由理性和沉穩所引導。」簡單來說，這就是身體戰爭：透過包括禁食在內的苦修征服身體的慾望，從而成聖。

禁食作為我們征服怪物般的慾望的方法——或者在征服它們後管束它們——似乎無可避免地聯繫到身體和靈的不統一。整個苦修傳統的根源，都在於操練身體的禁食，但它的過度踐行，則源自我們經常將人的神聖統一（sacred unity），曲解成偏頗的二元論。聖亞他拿修在總結聖安東尼的整個取向時，記錄了我認為是聖安東尼那偏頗的二元論：「他準備進食、睡覺、供應其他身體需要時，想到靈魂那屬靈本質」，而靈「一定不能被身體的愉悅拖下，身體必須從屬於靈魂，這時，他便感到無比羞愧。」

這不是說操練身體的禁食不會帶來有益的德行；這種否認是愚蠢的。誰讀過聖安東尼的生平而沒有從他苦修的榜樣中獲益？正如聖亞他拿修所說：「在西班牙和高盧、在羅馬和非洲的人都聽聞過這個隱居山中的人。」撇開像聖安東尼這樣的人的名聲和影響，我要提出兩個警告：首先，身體操練必須更直接地連於促成它的神聖時刻；第二，身體操練不能引致靈和身體彼竭我盈，從而變成身體戰爭。

解決方法：是身體操練，不是身體戰爭

操練性禁食在聖經中發展出潛在的主題。沒有人會質疑管束罪慾的重要性。男人或女人與配偶以外的人性交從來都是不對的，抑制這種慾望是良好的基督徒操練。如果一個人的固定禁食提醒那人，需要不斷留心自己的道德生活，一切都於我們有益。將身體操練建基於重大的神聖時刻是重要的。事實上，

身體操練令那神聖時刻成為持續從罪中掙脫 的時刻，並使人變得更聖潔、更有愛。這都是十分好的。

但基督徒對性和食物都有偏見。當性慾和食物變成邪惡、可鄙的必需品時，基督徒的禁食操練踐行，可以很容易變成視合理的慾望為怪物，身體很快變成是「壞」的。有時我們需要用雅歌提醒自己，聖經包含這卷有很多性意象的書。而且耶穌和他表哥施洗約翰不同，祂以「也吃也喝」(太十一 16～19)聞名。如果聖經將上帝與祂百姓的關係，解釋為令人陶醉的性(何一～三章)，將永恆解釋為有豐足的食物和酒的筵席，那麼我們需要提醒自己我們的性和進食的美好——即使我們有時需要以禁食管束不恰當的性行為和貪食。

第七章

禁食作為身體年曆

偉大的傳道者約翰．衞斯理（John Wesley）對禁食有一個觀察，令人想起禁食在以前的時代是多麼普遍的習慣：「我們在牛津時，給每個循道者（Methodist）的規則（除非患病）是每逢星期三和星期五禁食，以效法初期教會。他們對此有最高的敬意。」[1] 但在衞斯理年老時，衞道會會眾的禁食習慣開始明顯改變。

> 我恐怕現在英國和愛爾蘭數以千計所謂的衞道會會眾，都跟隨同樣的壞榜樣，完全停止了禁食；他們是那麼遠離一星期兩次禁食（像所有更嚴謹的法利賽人那樣禁食），甚至一個月禁食不到兩次。是的，你們中間不是有些人從年頭到年尾，連禁食一天也做不到嗎？

他不讓衞道會會眾鬆懈，因為禁食對衞斯理來說，象徵靈性本身：「如此，從不禁食的人和從不禱告的人一樣，不是在走通往天堂的路。」[2]

無論你對衛斯理的嚴厲警告有甚麼看法，你都不能否認時代已經改變了。或許衛斯理和其他人一樣，對聖潔、禱告、禁食充滿熱誠，以致過分強調他的論點。很可能是這樣。但我知道今天西方教會，只有很少地方有人主張禁食是真正的靈性的標記。

發生了甚麼事？

二十一世紀對禁食缺乏興趣，這不單因為社會遠離儀式，問題也涉及我們對身體的觀感，以及身體在我們靈性中扮演的角色。除此以外，還有其他因素導致大部分基督徒不單遠離禁食的踐行，也遠離整個教會年曆。[3]韋柏在胰臟癌將他帶走前寫的最後一本書中，表示他十分喜愛教會年曆，並明白它的模塑能力。他在《崇拜：歷久常新》(*Ancient-Future Worship*)[4]中大聲疾呼：「崇拜踐行上帝的故事！」也就是說，真正的基督徒崇拜藉著跟隨教會年曆，年復年地活出上帝救贖之路的故事。如果我們每年跟隨那故事，我們會遇到恰當地回應那故事必不可少的禁食。

但自十六世紀以來，宗教改革運動下的新教教徒逐步脱離羅馬天主教（並程度較小地脱離了東正教）及其年曆。像聖公會這樣的高教會派（high-church）的新教教徒，其脫離教會年曆的程度當然不及低教會派（low-church）的新教教徒（例如浸信會和其他非宗派基督徒），但我知道一點：我自己的教會傳統**從來沒有**參與過基督教會任何古典曆法的禁食。（大部分教會年曆都被掃除——我們只守聖誕節〔而不守將臨期〕和聖週〔亦稱受苦節和復活節〕。）

在很多西方教會，從來都沒有人提及基督徒傳統的神聖禁食。說實話，我們甚至不知道它們是甚麼。我們不會固定在星期三和星期五或這兩天的任何一天禁食。我們在星期六從來不會想到禁食（為安息日作準備）；我們在聖餐或洗禮前不禁食。唔，是的，我們知道大齋期是甚麼，但很多福音派人士視之為天主教的東西，因此是我們不需要跟隨的，因為我們已經擺脫了儀式的捆綁。將年曆的一切大幅除去，意味著也將記憶在基督教崇拜中的意義除去。更重要的是，我們不像禮儀教會那樣一起高聲讀遍整本聖經。為甚麼？同樣，答案十分簡單：年曆是天主教的，因此我們不跟隨。這種除去，將教會歷史的四分三內容從我們記憶中除去，引致傳統踐行的嚴重式微。

令我停止這樣除去那動態地創造神聖節奏的教會年曆的，是我對耶穌禱告生命的研究。這研究帶來《與教會一起禱告》（*Praying with the Church*）一書。這研究後來帶領我更深入理解教會年曆的價值，從而向我揭示整個禁食的歷史。[5] 基督徒之所以要參與教會年曆，是因為**上帝為以色列設立年曆**——如果上帝認為這對以色列是好的，它對教會也可能是好事。最初期的基督徒沒有製訂新的教會年曆，理由十分明顯：他們仍然使用猶太曆法。猶太曆法傳承下來的，是週年禁食（annual fasts）。

再一次，我們需要回到A→B→C禁食模式：神聖時刻、以禁食回應、成果。在以色列的古老曆法中，禁食是對兩個要點的回應：以色列的國家生命的神聖性和聖潔生命的神聖性。這兩者是那麼神聖，以致上帝在妥拉中向以色列顯明禁食是週年事件。基督徒也跟隨這週年禁食的踐行——我稱之為**身體年曆**（body calendar）——他們在回應相似的特點：教會生命的神聖性和聖潔生命的神聖性。因此，身體年曆不是工具性行動，而是對羣體和個人生命的一種深刻、系統化、週年性的回應。「年曆呼喚那羣體和個人生命，並推動基督徒以禁食回應那神聖性。」

我們現在轉向初期基督徒的身體年曆的五個特點，我們必須提醒自己，這些特點大致得到（各類）教會持守，直到十九或二十世紀。我們可以考慮今天怎樣將它們帶回教會生命中。

固定的禁食：星期三和星期五

古老的基督教踐行——至少在宗教改革之前——最值得注

意的特點，正如我們在上一章提到，是所有基督徒（除非因為健康問題）每逢星期三和星期五都要禁食（少部分節期除外）。除了合宜的例外，每個基督徒似乎都這樣做。這種禁食通常稱為「固定的」禁食。**固定**（station）這詞來自拉丁語 *statio*，是一種步兵隊的軍事用語，表示集體承諾或決定不進食。因此，這種禁食的重點是：它是**集體**的禁食，教會聚集在一起禁食。因此，固定的禁食指的是基督徒每逢星期三和星期五，在中午、下午三時甚或黃昏（晚課的時候）前不進食。

在我們的世界，很多人認為每星期禁食兩次太多了。但我想，我們能否以富創意的方式重新引入固定的禁食？或許基督徒可以每星期有一兩天由早餐到晚餐禁食，實行一個月。由於我不鼓勵將禁食變成工具，變成我們用來得到想要的東西的方法，我建議當我們恢復教會年曆的固定禁食時，在每個禁食的日子，專注於主要事件。我們可以視禁食為回應耶穌生命中的事件的舉動。或者我們也可以每星期花一天為自己國家和我們世界的重大事件禱告——例如貧窮、環境、公義、經濟、國際衝突等等。耶穌生命中的主要事件和我們今天面對的全球危機，都是重大的神聖時刻，肯定足以推動我們禁食。

讓我們簡單地看看固定禁食的三個特點：禁食不是新事物、基督徒十分認真看待怎樣禁食、基督徒採用猶太人的踐行，並令它變得更基督教化。

固定禁食的古老習俗

基督徒固定的禁食既來自猶太習俗，也來自耶穌的踐行。猶太習俗是每逢星期一和星期四禁食——大致由日出到日落，或者由第一天的晚餐到第二天的午餐或晚餐。耶穌兩次假設這是祂的追隨者的踐行：在登山寶訓，祂告訴追隨者，他們的禁食習慣不應吸引別人注意（太六16～18）；祂預測祂回到上帝那裏後，祂的追隨者會恢復定期的禁食（可二18～22）。在這兩個事件中，耶穌心裏無疑想到以固定的禁食，而不是自發的禁食來表達悔改、哀傷或代求。

嚴格地禁食

迦賢努（John Cassian）這個名字與**嚴格**這詞和教會偉大的苦修傳統分不開。阿普特的卡斯托主教（Bishop Castor of Apt）就忠於上帝的人應該怎樣生活徵求意見時，迦賢努寫了著名的《規章》（*Institutes*），這是一套教導，影響了著名的《聖本篤會規》，並模塑了東西方信徒的靈性。迦賢努在《規章》中顯示了某些基督徒對禁食是多麼嚴格：

> 因此，想進行內在衝突的爭戰（身體操練）的修士應該在開始時這樣警惕自己：在任何情況下，他都不容許自己被任何美食（香甜、美味、豐富的食物）勝過，也不容許

> 自己在（固定的）禁食完結、進食的時間正式開始前，或在吃飯的時間以外吃或喝甚麼；進餐後，他也不應容許自己再吃東西，無論分量多麼少。[6]

修士的理想滲入平信徒的踐行：禁食是嚴肅的，修士要嚴格服從。

將禁食基督教化

為了與猶太鄰舍有所區別，初期基督徒選擇在不同的日子（星期三和星期五，而不是星期一和星期四）禁食。最終，基督徒用神學來解釋他們對日子的選擇。亞歷山太的彼得（Peter of Alexandria）因為他的信仰而在三一一年十一月二十四日被馬克西明（Maximin）斬頭。他提出一個關於初期基督徒禁食的普遍解釋：「我們守一星期的第四天（星期三）和預備日（星期五）是合宜的，在這兩天吩咐我們根據傳統禁食是合理的。事實上，在第四天禁食是因為那天，猶太人協議出賣我們的主；而在第六天禁食是因為那天，祂親自為我們受苦。」[7]基督徒在星期三禁食，因為耶穌在那天承受眾人的出賣，他們藉著禁食參與祂的被賣；他們在星期五禁食，作為對耶穌受苦的回應。

固定的禁食變成教會的習俗。約翰．衛斯理在一七三九年八月十七日星期五的**日記**中寫道：「我們羣體中很多人正如我們指定的那樣，在下午一時聚集，同意羣體中所有人都應該服從我們所屬的教會，守『全年的星期五』為『禁食和禁戒的日子』。我們同樣同意，只要有機會，應該聚集一小時，一起禱告。」[8] 衞斯理寫這些話時大約二十五歲；他餘生都踐行禁食。

不在安息日或主日禁食

有禁食的時候，也有不禁食的時候。兩個不禁食的日子是安息日和主日。為甚麼？因為「前者記念創造，後者記念復活」。[9] 基督徒只在一個安息日禁食：他們在受苦節之後的星期六（安息日）禁食，因為那天主在「地底下」（under the earth）。那是基督徒惟一不歡宴的安息日（大安息日）。

特土良（Tertullian）是教會其中一個最早和最偉大的護教者，他大約在二二〇年去世。他表達了一個初期基督徒共同的信念和踐行，他說：「我們認為在主日禁食或在主日崇拜時下跪，是不合宜的。」[10] 為甚麼？因為這些是與那天的喜樂不相符的行為，在那天，我們歡慶耶穌復活。耶柔米的苦修踐行極嚴謹，也從不害怕走得太遠，他曾經抱怨說他希望可以在主日禁食。[11] 耶柔米的渴望證明了一點：不在主日禁食，對初期基督徒是多麼重要。

他們對這些事情有多認真？另一本初期基督徒的著作，《神聖使徒憲章》(*Constitutions of the Holy Apostles*)第六十四條規則有這個規定:「如果發現任何神職人員在主日或安息日禁食(除了大安息日),要剝奪他的聖職;如果他是平信徒,便暫時剝奪他的權利。」[12]而岡格拉會議(Council of Gangra;在四世紀舉行)有這個規定:「如果任何人以苦修為藉口在星期日禁食,便要咒詛他。」[13]

不要懷疑,他們真的十分認真!

在主餐前禁食

作為身體年曆,禁食這個初期基督教習俗值得我們今天效法。在教會歷史的很長時間,基督徒守主餐時都處於禁食狀態,他們在主餐中正式停止禁食。為甚麼?因為以色列人以禁食預備贖罪日,所以基督徒藉著禁食,預備吃餅喝杯。本質上,主餐前的禁食——在晚餐或早餐後開始——是為了回應個人的罪和為罪悔改。它預備基督徒領受基督的受死那代贖的力量,這力量由吃餅喝杯代表。

這使他們開始討論守聖餐最好在甚麼時候。聖奧古斯丁是西方教會頭一千年最有影響力的聲音,他促請領袖在第九個小時(大約是下午三時)前施行主餐,讓所有禁食的人不必在聖餐前中止禁食。「我們不強迫任何人在那天的主餐前中止禁食,也不敢妨礙他們禁食。」[14]約翰·衛斯理在十八世紀談到同一種踐行：「現在人們都知道，在施行主餐前，一星期中總有禁食的日子。」接著他在講道中，嘲笑蘇格蘭教會在禁食日吃可口的食物！[15]

在主日早上的聖餐前不吃早餐，是我們大部分人都做得到的。聖餐前的禁食回應我們對罪的意識，並且是我們默觀耶穌基督受苦的回應，兩者都是十分神聖的時刻。

在洗禮前禁食

在一個世紀內，基督教會施行嬰兒洗禮，因此只有皈依這信仰的人，才被要求在洗禮前禁食。身體年曆模塑歸信的過程本身。

我們較早前看到使徒保羅在歸信時禁食(徒九9)，我建議我們今天重新考慮他的踐行。重新考慮這踐行的其中一個理由，是教會傳統經常提倡在洗禮前禁食——當然，我們假設那是在成人歸信和完成要理問答後的洗禮。《革利免認親記》(*Recognitions of Clement*)是一本關於革利免(Clement)的教誨小說，講述他與使徒彼得相遇，反映了三世紀一些基督徒的踐行。當中最值得留意的，是它清楚假設基督徒需要在洗禮前禁食。尼切塔(Niceta)要求彼得替她施洗時，彼得說：「但她必須先禁食至少一天，然後才受洗。」[16]

大齋期

對那些自小就守大齋期的人來說，大齋期是戒除一些東西，即禁戒的時候。我的朋友通常提及戒除巧克力、甜品、電視、運動或外出吃飯。大部分人選他們太喜歡或不健康的東西來禁戒，因此要付上一些代價。這提醒他們耶穌捨棄了甚麼。

這些禁戒的行動，是現代對在復活節前禁食四十天這個豐富、深刻、重價的踐行的創新。初期教會沒有立即踐行由大齋期開始為期四十天的禁食，但在幾個世紀內，這變成「大公」習俗——各處教會都守大齋期的禁食。可以肯定的是，禁食的日子有長有短——在羅馬教會是三個星期；在東方教會是七個星期。禁食的規定是嚴格的，每天只能吃一餐，且不准吃果肉或白肉；當中也有例外，有時進食的時間會安排在一天較早的時候。有些人在大安息日（受苦節和復活節之間的星期六）的午夜結束禁食。

初期基督徒並不能就大齋期禁食的性質和為期多久達成共識。令教會從很早開始便一致的，是委身於利用大齋期的四十天作為內省、認罪、悔罪、禁食的時間，預備迎接受苦節赦罪的奇蹟和復活節那賜生命的力量。那段時間用以回應罪、清除不當的慾望、渴求赦免，並建立聖潔生活的模式。作為身體年曆的禁食在大齋期可謂得其所哉。

聖亞他拿修是亞歷山太的主教，他對基督徒至今認信的信仰有持續的影響力。在三三四年的復活節信件中，他寫到禁食的要求，將以色列人在曠野漂流四十年，解釋為基督徒在大齋期的經驗的預表：

> 但正如以色列人在上耶路撒冷時先在曠野得潔淨，受訓忘掉埃及的習俗，道也以**四十天的神聖禁食**作為給我們的預表，讓我們先得到潔淨，脱離污穢，以致我們在離世時，因為謹慎禁食，得以與主升入高天，與祂一同進食，參與屬天的喜樂。**除了守四十天的禁食，我們不可能以其他方式上耶路撒冷、吃逾越節的晚餐**。[17]

除了這對應以色列人在曠野漂流四十年的四十天禁食外，聖奧古斯丁指出摩西也禁食四十天，以利亞如是，耶穌也禁食四十晝夜。摩西是律法，以利亞是先知，耶穌是福音——整本聖經都見證四十天禁食！[18]

《公禱書》

我相信我們可以從《公禱書》，學到很多關於禁食這屬靈操練的事情。以下是聖灰星期三崇拜的開始，大齋期在那天開始，這一天提醒崇拜參與者大齋期的主題——罪、悔改、禁食、預備領受赦免。

讓我們禱告。

全能永生的上帝，祢所造的一切，祢不厭惡；凡悔罪的人，祢必赦免：求祢為我們新造痛悔的心，使我們真誠懺罪，承認過錯，以致蒙祢，大慈大悲的上帝，賜予全備的赦免；藉賴我們的主耶穌基督而求，聖子和聖父、聖靈，惟一上帝，一同永生，一同掌權，永世無盡。阿們。

舊約約珥書二章 1 至 2 節、12 至 17 節；以賽亞書五十八章 1 至 12 節

詩篇一百零三篇全篇或一百零三篇 8 至 14 節

書信哥林多後書五章 20 節下至六章 10 節

福音書馬太福音六章 1 至 6 節、16 至 21 節

講道後，眾人站立，主禮人或獲委派的牧者邀請眾人守神聖的大齋期，說道：

親愛的上帝子民：初代基督徒以最敬虔的心，紀念主受難與復活的日子，此後，這就成為教會的傳統，即用悔罪與禁食，作為一個準備的節期。大齋節期也是為那些

即將受洗皈依基督的人，提供一段預備的時間；並給那些曾犯自損名譽的罪過，而與教會隔離的人，一次懺悔與饒恕的機會，藉此回歸教會的團契。因此，全體會眾必須牢記我們救主在福音中所宣告寬恕與赦罪的信息，又要牢記所有基督徒應該不斷地重新認罪及告白其信仰。因此，我奉教會的名，邀請你們，藉著自省和悔罪，藉著禱告、禁食與捨己，並藉著研讀聖經和默想上帝的聖言，來守這大齋聖節。現在，讓我們恭敬地跪在我們的創造主和救贖主的面前，作為真正悔罪的開始，以及我們的肉體必朽的記號。

靜默一段時間，眾人跪下。

如果要施灰，主禮人讀出以下禱文：

全能的上帝，祢用地上的塵土創造我們；求祢施恩，使這些灰燼向我們揭示我們生命的有限，並提醒我們必須悔罪，轉化心靈回歸上主，因為只有仰賴祢的恩典，我們才能得到永生。藉賴我們的救主耶穌基督而求。
阿們。

施灰時說出：

記得你本是塵土，仍要歸於塵土。

總結

以色列根據年曆的規定禁食，也自發地禁食，表達悔罪、代求、哀傷。以色列的禁食踐行其中一個值得留意的特點，是它建立了固定的禁食這種屬靈操練——在星期一和星期四。耶穌禁食，祂也假設和預言祂自己的追隨者會參與猶太教的固定禁食。初期的基督徒禁食，文獻顯示他們踐行他們自己的固定禁食——在星期三和星期五，藉以與猶太鄰舍區別出來。他們解釋說，他們的禁食是在基督的被賣和受死中，與祂一同受苦。在幾個世紀內，整個基督教會都學會在大齋期禁食四十天，藉以預備信徒歡慶蒙赦免、勝過罪，以及歡慶復活節的基督教禮儀迸發的生命的喜樂。禁食在教會的身體年曆中最為突出。

一個建議

在這一章，我沒有足夠篇幅解釋哪怕只是教會禁食操練的一半，特別是東正教傳統的禁食。[19]還有四季齋期（ember days）和祈禱日（Rogation Days），以及聯繫到其他節期的守夜。[20]這些內容的很多用語，今天的基督徒都不明白。或許我們應該思想的，是與以前的世代比較，我們今天身居何處。可以肯定的是，每當宗教操練單單因為教會以前這樣做而被定立或踐行時，都會有危險。但基督徒領受聖經，以之為上帝的道，而這道所屬的上帝，正是為以色列人定立禁食的那一位。教會在將教會年曆重塑成新的形式，完全集中在耶穌基督的生命時，帶出這神聖的藍圖。我們是誰，竟敢忽略上帝的百姓一直在做的事情？

讓我最後以馬丁．路德（Martin Luther）的話作結。在關於登山寶訓的著名註釋中，這位辭鋒銳利的宗教改革家論及當時的天主教領袖的禁食踐行——而當路德這樣討論時，眾人都認同！以典型的炮轟方式，他痛斥「教皇至上主義者」（papists）的虛偽。在警告左右翼的人後，路德建議基督徒踐行兩種禁食：公民的禁食（civil fast）和年曆的禁食（calendrical fast）。公民的禁食由政府頒令，在路德的觀念中，那明顯是工具性的：「一星期有一兩天應該不吃和不賣肉。這對國家會是良好和有用的法令，讓一切都不像現在那樣，人們狼吞虎嚥，直到最後艱難的日子來到，甚麼也沒有。」這一切都是為了「教導人們過得稍為有節制一點」。接著他建議人們在復活節前、五旬節前和聖誕節前禁食，作為「年青和單純的基督徒的外在操練和練習，好讓他們學習跟隨節期，在一整年都能分別為聖。」然後他補充說：「我會樂意容許人們在一整年逢星期五晚禁食。」[21]

沒有人比路德更害怕儀式的危險，但他卻勸告追隨者跟隨身體年曆——在星期五晚和一年的三個節期禁食。我以一個挑戰結束這一章：我們眾人難道不應該考慮重拾聖經和教會的身體年曆嗎？

第八章

禁食作為身體貧窮

每一個宗教傳統都設法分辨出核心踐行，作為「立約路徑標記」(covenant path markers)[1]。這些踐行，向上帝、向個人的良心，並向世界表明某人是敬虔的和得到羣體認可。立約路徑標記標示了立約旅程中忠心的路徑。有些教會專注於社會公義，有些專注於佈道，還有些專注於聖經知識，有些專注於教會聚會，有些專注於杜絕婚前性行為，還有些專注於禮儀踐行。但我從未見過任何基督教團體是以禁食作為立約路徑標記的。然而，先知以賽亞身處的羣體，卻視禁食為確切的立約路徑標記(賽五十八)。諷刺的是，先知對百姓所說的話，使禁食作為屬靈操練的可行性成疑。

這是先知以賽亞著名的話：「我所要的禁食是：解除那欺壓的鎖鏈和不公正的軛」(賽五十八6；編按：《現代中文譯本修訂版》)。乍看之下，以賽亞似乎將「禁食」由「禁戒食物」重新定義為「致力於社會公義」。正好相反！問禁食是否被致力於社會公義取代，則誤解了整段經文的意思。以賽亞的尖鋭評論，針對的是敬虔的以色列人，他們**禁食**，但抱怨上帝沒有應允他們的祈求。換句話説，以賽亞批評禁食的工具性取向，教導以色列人重新思考禁食關乎甚麼。以賽亞的觀念，可以幫助我們今天重整我們對禁食的看法和踐行。現在讓我們探討以賽亞書五十八章中一些關於禁食的觀念，這段經文在我們今天的世界，值得我們更多留意。

以賽亞的神聖時刻：羣體中的不公義現象

留意以賽亞問他們的尖鋭問題：

我所揀選的禁食
　不是要鬆開凶惡的繩，
　解下軛上的索，
使被欺壓的得自由，
　折斷一切的軛嗎？
不是要把你的餅分給飢餓的人，
　將飄流的窮人接到你家中，
　見赤身的給他衣服遮體，

顧恤自己的骨肉而不掩藏嗎？

（6～7 節）

在我們對禁食的 A→B→C 取向中，對以賽亞來說，A 欄是**窮人的狀況和自己羣體中存在的不公義現象**。更深一層，以賽亞說禁食是**回應上帝對窮人和不公義現象的回應**。偉大的猶太作家赫舍爾（Abraham Heschel）探討了先知在以色列中作為**同情者**（pathos）的角色——也就是說，對於以色列，先知流露出上帝的性情，因此向上帝的百姓體現了上帝的道。我們可以說，禁食是忠於上帝的人對窮人的同情，以及與他們的感同身受——禁食是向窮人體現上帝的性情。[2] 因此禁食是以身體貧窮（body poverty）回應我們世界的不公義現象。

以賽亞的異象：上帝的國度和公義

以賽亞希望他的聽眾明白，禁食超越個人的靈性（如果我們對禁食採取工具性觀點，希望從中得到甚麼，便特別需要聆聽這話）。身體貧窮是為別人而做的關乎信心和盼望的行動。留意五十六章開始時，亦即以賽亞的預言第三個段落的引言：「耶和華如此說：『你們當守公平（*mishpat*），行公義（*tsedeqa*）；因我的救恩（*yeshua*）臨近，我的公義（*tsedeqa*）將要顯現。』」[3] 身體貧窮顯示，建立那種國度的責任不能交給君王，它落在每個人的肩頭上，我們要一起為了共善（common good）而放棄一些東西，從而回應別人的需要。上帝的百姓望向周圍，看不見公義和正義、拯救和解救，卻看到貧窮和不公義時，應該以身體貧窮來回應。

以賽亞的困難：個人的敬虔被施行壓迫抵消

以賽亞那個時代的人渴求個人與上帝建立關係：「他們天天尋求我，樂意明白我的道⋯⋯向我求問公義的判語，喜悅親近上帝」（賽五十八2）。他們在個人的靈性中禁食，但卻到不了上帝那裏：「我們禁食，你為何不看見呢？我們刻苦己心，你為何不理會呢？」（3節）。以下就是原因，以賽亞必須向他們顯明：「看哪，你們禁食的日子仍求利益，勒逼人為你們做苦工。你們禁食，卻互相爭競，以凶惡的拳頭打人」（3～4節）。那仿似瓊斯（James Earl Jones）的雷鳴般的聲音在聖殿的牆上迴響：「你們今日禁食，不得使你們的聲音聽聞於上」（4節）。不促使人關心別人的貧窮的禁食，失卻了整個重點。

以賽亞的同代人以敬虔、熱切的靈性著稱。但他們個人、自我中心的敬虔，異於上帝所模塑的公義羣體的敬虔。如果你向秉持公義的上帝禱告，你應該將精力花在爭取同一種公義上。以賽亞的同代人將敬虔用在自己身上；他們看不見他們自己的敬虔和他們對工人的壓迫，這兩者之間的不一致，他們的禁食似乎令這兩者互相矛盾。自私、壓迫、爭競，與公義、正義、和平互相抵觸。

上帝的熱誠（zeal）在以賽亞裏面燃燒。

重新定義禁食

禁食就像天空中的一顆星，但只是靈性羣星中的一顆。正如祭司和利未人以為他們可以跟隨妥拉，而**不**幫助那個無依無靠、垂死的人（路十 25～37），以賽亞的羣體以為他們禁戒食物，在走向上帝的途中就可以不理會別人的需要。禁食永不單獨存在。如果禁食是真實的，它會帶領我們進入羣體的靈性，因為它是對羣體中缺乏公義的回應。如果內在淹沒外在，正面的身體形象便瓦解；如果私人靈性淹沒羣體靈性，一個人的禁食便是徒然的。這是以賽亞的論點。禁食是身體貧窮——以自我貧乏作為對別人貧乏的回應。

因此以賽亞促請聽眾完全委身於上帝，他為聽眾重新定義**禁食**。甚麼是禁食？根據以賽亞，它涉及：

- 解除不公義現象；

- 釋放被壓迫的人；
- 給飢餓的人食物；
- 為無家可歸的人提供居所。

以賽亞周圍的人工具性地禁食——他們想更認識上帝，更熱情地敬拜祂。以賽亞召喚聽眾，要他們看見真正的禁食，是出於回應地上的不公義現象。這種禁食，不單渴望認識上帝，也是以憐憫回應窮人，致力在地上建立公義的國度，熱切地在上帝的百姓中締造和平。

當我們總結以賽亞對禁食那偉大的重新定義時，發覺他相信禁食有兩個同伴。

禁食的同伴

根據以賽亞書五十八章，禁食有兩個同伴。第一個是禁食要化為公義，與別人休戚與共；第二個是禁食帶來聖潔。真正的禁食因而變成身體貧窮——為了別人的好處和個人道德生命的成長，從而令自己受苦。

公義和休戚與共

禁食的第一個同伴是**施予窮人**，一般稱為追求**公義**。我們禁食時在食物中放棄的，可以化為給窮人的禮物；我們停止進食的時間，可以化為解除不公義現象的時間。初期基督教有一本流傳至今的著作，名叫《黑馬牧人書》（*The Shepherd of Hermas*），它建議我們禁食，從而離開罪，並將禁食化為慈惠。在禁戒麵包和水後，基督徒應該「估計你本來在那天要吃的食物的價值，然後將那金額給寡婦或孤兒或有需要的人。這樣做時要謙卑，讓因為你這樣謙卑而接受施予的人可以充飢，為你向主禱告」。[4]

幾百年後，聖奧古斯丁提出類似的勸告，他這樣開始論說：「禁食磨練你自己，它並不更新別人。如果你顧及別人的舒適，你的受苦會令你得益。」他以這個問題繼續：「我們今天放棄的早餐可以餵飽多少窮人？」[5]一七四四年二月十七日星期五，約翰．衞斯理和他朋友守嚴肅的禁食。「在下午，很多人聚集，我勸他們……將麵包分給飢餓的人，給赤身的人衣服，不要躲避自己的骨肉之親（編按：參賽五十八7）。上帝打開他們的心，他們獻出差不多五十鎊。在接著的一小時，我將亞麻布、羊毛、鞋放在我知道是勤勞卻缺乏的人面前。」[6]

公義有一個稱為**休戚與共**（solidarity）的兄弟。今天很多人為窮人禁食，某程度上是作為與窮人休戚與共的方法。這行動的質樸，令它近似於以色列先知的先知式行動（prophetic actions）。正如亞希雅將他的袍子撕成十二塊（王上十一29～

30)，或如耶利米在羣眾面前打破瓦瓶(耶十九1～13)，又如以賽亞赤身行走三年(賽二十1～6)，當代人在公共場所禁食，藉以表達他們的神學、他們的盼望、他們的抗議。我們可以這樣神學地解釋：食物將人與人聯繫起來，因為我們一起進餐。每當我們刻意放棄食物，我們便克制自己與某些人建立關係。一羣人藉禁食提出抗議時，他們既否定一種關係——與擁有的人——又肯定另一種關係——與一無所有的人。而由於結構性權力總有充足的食物，禁食不單拒絕與之建立關係，也抗議現存的結構性權力。[7]這是理論，以下有幾個真實個案。

一九九四年，美國國會代表霍爾(Tony Hall)，一個虔誠的基督徒、俄亥俄州(Ohio)的民主黨人禁食了二十二天。接著他號召基督徒在聖週禁食三天，「目的是提高國人的意識。我希望人們開始留意到，有二千五百萬美國人在捱餓，他們去食物銀行和免費食堂，而其中一半年齡在十七歲以下。」[8]有人問他禁食的價值時，霍爾說：「那是一種方法，將焦點從自己轉向其他事物，令你在上帝面前謙卑下來。」[9]雖然他沒有用我們的話表達，但他的禁食觀念的確是要人更察覺值得悔罪的神聖時刻：那重大的神聖時刻是我們國家正面臨不公義和貧窮的現象。

新千禧年來到時，基督徒禁食，藉以呼籲人們關注窮人，並表達與他們的感同。這個運動的重要領袖是鄧庫姆(David

Duncombe），他的故事被人們一再講述。[10]鄧庫姆提出這個宣稱：「在債務的重擔從窮人身上除去前，我都在道德上受到約束，要在飢餓中與他們站在一起。」[11]鄧庫姆曾在國會大樓禁食四十五天，期間他七十一歲的身體失去了三十五磅，體溫下降到華氏94至96度，血壓下降至85/60，他每晚只能睡三到四小時。他禁食是要令國會通過HR1095法案——他在回應不公義現象。他的禁食令他最終要使用助行架。參議員拜登（Joe Biden）在鄧庫姆的禁食結束時對他說：「你向我們顯示，一個人可以怎樣超越個人的利益和黨派政治，為了所有人的好處而冒險，從而領導這個國家。」鄧庫姆離開時說：「由於這事工的惟一目標，是協助拯救每天瀕臨餓死的數以千計人，我自己冒餓死的危險做法，是為了達到這個目的而在道德上又可行的方法。」「星期三晚的奇蹟」最終令參眾兩院都通過決議，總統簽署法案，免除一些國家四億三千五百萬的債務，好讓他們可以給窮人食物。

達菲（Eamon Duffy）是劍橋大學（University of Cambridge）一位教會史教授，他哀歎禁食正在天主教中消失。他的理由中十分重要的，是論及私人禁食異於先知式見證和公共的休戚與共：「私人那種特別敬虔的忠誠姿態，和整個羣體那種週復週、實事求是的先知式見證——成為基督徒就是站在有需要的人中間；這兩者有很大的不同。」[12]

作為題外話，你可能會問，這些公開的禁食行動，與耶穌在登山寶訓中說禁食時不要讓人知道的警告（太六16～18），兩者如何協調？除了耶穌讓人知道自己在受試探前禁食這個明顯的事實外，耶穌的警告是關乎動機——展示我們的敬虔，藉以得到榮耀——而不是真正的踐行。只要我們的動機不是從別人那裏尋求榮耀，我們的禁食就可以讓別人知道。

聖潔

禁食的第二個同伴是**禁戒罪和壞習慣**。正如約拿書所描述的，尼尼微人暫時得到解救，不是因為他們披麻禁食，而是因為他們的禁食是真正的身體轉向（拿三5～10）。正如著名的初期基督教傳道者屈梭多模（John Chrysostom）曾說：「因為禁食的榮耀不在於禁戒食物，而在於從罪行中抽身。」他繼續說：「如果你看見窮人，憐憫他！如果你看見敵人，與他和好！如果你看見朋友得榮耀，不要妒忌他！」還有，「不要單讓你的口禁食，也要讓你的眼、耳、腳、手和身體的所有部分都禁食。讓手藉著不偷盜和不貪婪而禁食；讓腳藉著停止跑向非法場所而禁食……讓口藉著脫離失德的言語和抱怨而禁食。」屈梭多模的論點是有建設性的，關於在大齋期與其他人談論禁食，他說：

> 人們常常在大齋期彼此相問禁食了多少個星期。有些

> 人說自己禁食了兩個星期，有些三個星期，有些人整個大齋期都禁食。但如果我們禁食，卻沒有相應的踐行，有何益處呢？如果另一個人說：「我在整個大齋期都禁食。」你應該說：「我有敵人，但我們和好了；我習慣說別人壞話，但我停止了；我習慣咒罵，但我停止了這惡習。」[13]

屈梭多模在回應不公義現象和個人的罪，正因為這樣，他對禁食有全面的見解。

近年，巴布這位論及屬靈模塑的作家寫了一本書，討論如何擴展我們對禁食的理解。雖然我不贊同她的用語，但我認為她的整體強調是正確的。她主張：「基督徒禁食，是個人、家庭、羣體或國家為了屬靈目的，在一段特定時間內，主動放棄**一些東西**。」[14]她談及從電視、珠寶、新聞媒體、電郵、購物、小說、音樂、駕車中「禁食」。這些「禁食」是要我們放棄某些樂趣和習慣，好讓我們更親近上帝。禁食對她來說，是關乎遠離業已變成「需要」的事物，即使我們不是對之上癮。我會稱之為「禁戒」，但我認同這樣切斷我們與渴望和慾望的聯繫，可以將我們引進更深的聖潔。巴布正確地看到禁食是回應一些事情，也是針對它可有的行動。在某些情況下，它是身體貧窮——使自己處於貧窮之中。

應許

我們會在第十二章討論禁食的好處，但現在我們會停下來，看看主透過以賽亞，如何應許以色列——如果他們使禁食這顆星與「恰當的靈性」這整個星羣相融，如果他們的禁食變成身體貧窮，而不是自利和濫用權力，他們會得到上帝的賜福。留意以賽亞書五十八章這詩的應許：

你若從你中間除掉重軛
　和指摘人的指頭，並發惡言的事，
你心若向飢餓的人發憐憫，
　使困苦的人得滿足，
你的光就必在黑暗中發現；
　你的幽暗必變如正午。
耶和華也必時常引導你，
　在乾旱之地使你心滿意足，
　骨頭強壯。
你必像澆灌的園子，
　又像水流不絕的泉源。
那些出於你的人必修造久已荒廢之處；
　你要建立拆毀累代的根基。

你必稱為補破口的，
　和重修路徑與人居住的。
（9～12 節）

正如以賽亞所處的世界，我們的世界也一樣：沒有任何事情是必然會發生的。禁食不是如施法術般操控上帝。但如果我們身為上帝的百姓，能從自私的追求和濫用權力，轉向面對我們中間的窮人，爭取公義，公義便會以我們從來都想像不到的方式進入我們的羣體。禁食聯繫到上帝和上帝的異象。如果我們心存上帝的異象到上帝面前，將整個人——靈和身體——以身體貧窮降服在那異象前，我們可能會發現上帝的賜福傾倒而出。

第九章

禁食作為身體接觸

聖經中五個最重要的人物——摩西、以利亞、但以理、耶穌、保羅——禁食，並經歷與上帝不尋常的親密相遇。沒有人會否認這兩個宣稱。兩者之間是否有聯繫？很可能有。他們是否刻意透過禁食潔淨自己，預備自己與上帝親密地相遇？聖經中沒有這樣的證據。但歷代基督徒都將這五個人物的禁食，聯繫到他們與上帝親密的相遇。他們不單作出這聯繫，也得出結論，認為要親密地與上帝相遇，其中一個方法是禁食。不給身體食物甚至水這個行動，可以帶來特別的密契經驗。

維貝（Phillip H. Wiebe）的《耶穌的異象》（*Visions of Jesus*）論及，禁食有時聯繫到異象，以及與上帝同在的親密時刻。[1] 無論人們對此有甚麼想法，歷代基督徒都透過禁食，預備自己與上帝相遇，並發覺自己在禁食時，被提升到與上帝的同在中。我們是那麼熱切於與上帝相遇，以致我們完全專注於祂。簡單來說，那理論往往是這樣的：藉著不讓自己享受食物帶來的樂趣，一個人可以成為聖潔、經驗純粹的愛、與上帝聯合。教會歷史中，特別是在四到十六世紀，很多人都相信與上帝聯合幾乎是不可能的，除非透過嚴格的禁食和獨處。因此，為了更直接地經驗上帝，很多人都熱切禁食。

我自己對禁食和禁食者的研究，令我以不同的方式處理禁食和與上帝親密地聯合這兩者之間的聯繫。再一次，讓我們看看 A → B → C 模式：神聖時刻、以禁食回應、成果。如果 B（禁食）引發（leads）C（與上帝親密的相遇），這並不表示 B 產生（causes）C。我自己的研究顯示 A 促成 B 引發 C。換句話說，**最渴求上帝的人往往明白自己與上帝的關係是多麼淺薄，他們以禁食回應那淺薄，然後（另一邊）發覺自己進入與天使和上帝的同在中**。

禁食和與上帝聯合，這兩者之間的關係，就像結婚戒指和恩愛的夫婦的關係一樣。正如戒指不是推動他們聯合的東西，禁食也不是推動我們與上帝聯合的東西。愛推動他們給予對方戒指，愛令關係超越戒指，與彼此真正聯合。因此，對禁食更全面的見解，是我們渴望認識上帝，而我們現在還不夠熟悉上帝，這兩者一起推動我們禁食，盼望與上帝相遇。那重大的神聖時刻（A），是我們與上帝不夠親密。

歷代的智慧

迦賢努是教會傳統的其中一位靈修大師，他渴求上帝和個人內心的純潔：「因此我們應該留意身體的禁戒，讓我們可以藉著禁食，達至內心的純潔。」接著他創造了一條關乎盡善的階梯：

> 為此（純潔的內心）我們必須尋求獨處，為此我們知道我們應該禁食、守夜、辛勤勞動、赤身受苦、閱讀和遵行所有其他德行。藉此，我們能夠預備我們的心，令它不受任何邪情傷害，依從這些步驟，登上善行的完美頂峯。

交代了禁食是「次要」的事情後，迦賢努說：「我們踐行時應該著眼於主要目標，也就是『內心的純潔』和『盡善』，」讓「靈魂依戀上帝和屬天之事。」[2] 迦賢努的強調傾向於對禁食採取工具性的理解——禁食是得到我們想要的東西的方法——但任何熟悉他著作的人都知道，是內心的**不**純潔和與上帝關係的**不**親密，推動他渴求上帝和一顆純潔的心。

摩西、以利亞、但以理、耶穌、保羅

關於歷代的智慧，大概就是以上這些。而推動新教思考的是：我們能否在聖經中，找到禁食作為身體接觸（body contact）的觀念？我想帶大家回到聖經的五個主要人物——摩西、以利亞、但以理、耶穌、保羅。留意他們每一個人某程度上都是密契主義者，或者領受了異象，而且每一個人都以嚴格禁食見稱。他們每一個人的經驗，都顯示了一種被稱為引發與上帝的身體接觸的禁食。

摩西

在亞伯拉罕信仰（Abrahamic faiths）的中心，是摩西那非凡的故事。除了耶穌外，他與上帝的相遇，比聖經中任何人都更親密。摩西與上帝**對話**。聖經在出埃及記十九章開始時這樣說：「摩西到上帝那裏，耶和華從山上呼喚他」（3 節）。然後聖經說：「摩西就說話，上帝有聲音答應他」（19 節）。聖經其中一節值得留意的經文，是出埃及記三十三章 11 節：「耶和華與摩西面對面說話，好像人與朋友說話一般。」更值得留意的是，摩西**看見**上帝，摩西請求上帝：「求你顯出你的榮耀（*kavod*）給我看」（三十三 18）。上帝答允摩西的禱告，向摩西顯示祂的榮耀。聖經的話是這樣的：

耶和華在他面前宣告說：

「耶和華，耶和華，

是有憐憫有恩典的上帝，
不輕易發怒，
並有豐盛的慈愛和誠實，
為千萬人存留慈愛，
赦免罪孽、過犯，和罪惡，
萬不以有罪的為無罪，
必追討他的罪，
自父及子，
直到三、四代。」
摩西急忙伏地下拜，說：「主啊，我若在你眼前蒙恩，
求你在我們中間同行，因為這是硬著頸項的百姓。又求
你赦免我們的罪孽和罪惡，以我們為你的產業。」
（出三十四6～9）

為甚麼提到摩西這經驗？因為在與上帝對話和看見上帝之前，摩西**禁食**：「摩西在耶和華那裏四十晝夜，也不吃飯也不喝水。耶和華將這約的話，就是十條誡，寫在兩塊版上」（三十四28）。無論如何，這都是極端的禁食，大部分人將之解釋為超自然的禁食，因為正常人不可能超過幾天不喝水而能存活。正如猶太學者薩納（Nahum Sarna）所說：「在這感官過度（extrasensuous）的世界，他（摩西）超越時間的限制，脱離他肉

身存有的需求。」[3]禁食與上帝的同在相連。這個處境往往沒有提到的，是那神聖時刻的本質。是上帝奧祕的神聖、上帝在西奈山頂上的可畏和崇高推動——驅使——摩西禁食。摩西是那麼被上帝的同在懾服，以致想不到進食或喝水。

上帝的同在是那麼神聖，人自然地以禁食回應，默觀上帝和敬拜上帝皆使人如此回應。由於禁食和上帝的同在相連，因此猶太人在**禁食日**背誦「上帝的十三個屬性」（見上文出埃及記三十四章6至9節的經文）。

以利亞

類似的關於以利亞的故事，記載在列王紀上十九章。以利亞因為邪惡的耶洗別的威脅而怕得要死。他逃到曠野，坐在一棵羅騰樹下，睡著了——天使叫醒他，要他吃「用炭火烤好的餅和〔喝〕一瓶水」（6節；編按：《現代中文譯本修訂版》）。在躺下一會兒後，天使再叫他吃餅和喝水。以利亞靠這嗎哪般的供應，支撐了四十晝夜。最重要的是，在這禁食後，以利亞遇到在山上經過的耶和華。

但以理

但以理也禁食，並與上帝有親密的時刻。但以理最值得留意的，是他「禁食，披麻蒙灰，定意向主上帝祈禱懇求」（但九 3）。上帝垂聽了他的禱告。但蒙垂聽只是故事的一部分；但以理因為禁食，預備與上帝相交，從而得到異象，禱告也蒙應允。稍後，在哀傷了三個星期，遵行不吃美食、肉、酒這種部分禁食以及不抹油後，但以理有另一個異象（十 2 ～ 3）。

耶穌

在禁食四十晝夜後，和摩西、以利亞一樣——路加福音說耶穌「那些日子沒有吃甚麼」（四 2）——耶穌餓了（不是開玩笑！）。在耶穌吃東西前，「魔鬼」找到祂（2 節），試探祂，要祂在指定時間前結束祂的禁食、要祂表明祂有權在指定時間前掌管列國、要祂在沒有上帝的許可下魯莽地從殿頂跳下來（路四 1 ～ 13）。有些人甚至視耶穌的試探為「異象」的一部分，這部分源自祂因為禁食而處於非常飢餓的狀態。我不確定耶穌的試探是否純粹是異象，我也不確定那些試探是否出於缺乏食物。無論如何，**禁食**聯繫到與魔鬼相遇的獨特經驗、與上帝特別的親密相交，以及公開地肯定那親密相交，比一切都重要。

更薄弱的聯繫是，人們常將耶穌那所謂的山頂經驗和禁食連在一起。聖經只記載，耶穌受洗，當祂聽到上帝的聲音時，祂在「禱告」（路三 21）。論到耶穌變像，路加告訴我們，那光輝的變像發生時，耶穌在禱告（九 29）。在這些事件中，聖經都告訴我們耶穌在禱告，但卻沒有提到禁食。或許耶穌以禁食預備自己迎向這些神聖時刻，或許沒有。

保羅

使徒保羅禁食，並透露自己經常因為受苦而身體軟弱（林後六 4～5，十一 27）。在保羅提到他往往由於禁食而變得軟弱後，他以第三身談及自己。他「認得一個在基督裏的人」，那人從地上被提到「第三層天」。他聽到不容許他説出去的事情，但他不以這些經驗自誇——相反，他帶我們回到他的禁食，只談及他的軟弱（十二 1～10）。我在這裏盡量將保羅的異象和他的禁食緊密相連——很可能比證據顯示的更緊密一點——藉以表明使徒保羅既禁食，也與上帝有親密的聯合，懷有對上帝的異象。

即使這樣簡短地勾劃這五位人物，也足以顯示禁食和與上帝親密的聯合，這兩者之間是有關聯的。強調是**我們**帶出這聯繫是重要的，因為經文沒有明確説：「如果你禁食，你會更深地經歷上帝。」我擔心的，是有些基督徒將簡單的經文，化為禁食的工具性觀點：禁食引發與上帝的聯合。相反，更深厚的聖經傳統顯示，神聖的時刻引發禁食這回應，有時——但並非總是——帶來一些想要的成果。我在這些經文中看到的是神聖的時刻，就像上帝的全然聖潔的彰顯、人對上帝的敬畏、人對聖潔的追求、人對上帝的國度和其他人的關注這些推動禁食的時刻。禁食不是 B → C 的行動。禁食是對重大的神聖時刻一種自然而然的回應，這樣的時刻令進食成了褻瀆。

讓我們現在回到教會的智慧，回到亞他拿修、大巴西流（Basil the Great）和加爾文。

預備和相遇

在他其中一封書信中，三一信仰的偉大闡釋者亞他拿修宣告，默觀上帝這行為能支撐我們的身體：「使我們相信和知道，默觀上帝和來自祂的話，足以代替食物，滋養那些聆聽並遵行的人。」[4] 有些人不是訴諸超自然的供養來解釋摩西、以利亞、耶穌四十天的禁食，而是用上帝同在那賜生命的能力來解釋。我們可以說，他們與神聖相遇時，從這個世界的現實和限制中得到提升。與上帝的全然聖潔和深深的愛相遇，驅使我們禁食。

大巴西流曾經寫過一封信給一個犯姦淫的修士。在信中，他提醒那個修士，他以前嚴格的禁食所帶來的影響和服事，是由「在上帝的同在中默觀」而成。「那時，我與你一同生活，因你苦修操練的艱苦，我稱你為有福的。**禁食多個星期後，你繼續在上帝面前默觀**，逃避與同伴的交往，像潰敗逃走的人……你除去肉體的所有脂肪；你下半身的神經都乾枯……你將漫漫長夜用來向上帝傾吐認罪。」[5]上帝的同在令這人禁食。

加爾文知道禁食的好處包括更好地與上帝相交。他在《基督教要義》中寫道，禁食有三個目的——制服肉體、預備禱告和默想，以及在上帝面前見證虛己。因此他建議：「每當人就任何重大的事情向上帝禱告時，在禱告時加上禁食是合宜的。」以最初期的基督徒為榜樣，加爾文説他們「這種禁食的惟一目的，是令自己更渴望禱告，並且不受妨礙，」[6]以致可以更深地與上帝相交。

一個建議

聖經和歷代的智慧都肯定禁食和與上帝聯合是相連的。需要強調的是，這裏最深厚的傳統顯示，禁食是回應神聖的時刻，而不是工具性的行動，用來得到我們想要的東西。如果我們渴望加深我們對上帝的愛，更投入地敬拜上帝，享受上帝的恩典，那麼，這種對愛、敬拜、恩典的渴求，自然會有相應之舉——也就是帶領我們禁食。我相信上帝會叫這樣尋求祂的人得尊榮，有時——但並非總是——祂可能以祂榮耀的同在回報我們的愛。

第十章

禁食作為身體盼望

將初期基督徒與其他禁食團體區分出來的一件事情，是**身體盼望**（body hope）——基督徒禁食，因為他們渴望基督回來建立上帝的國度。[1] 籠統來講，他們的禁食體現了個人的盼望。換句話説，有時我們十分渴望世界成為上帝所希望的那樣，有時我們因為明白上帝對我們的要求，而對我們世界現存的狀況十分失望，以致不得不禁食。這種禁食是身體盼望——我們藉著抗議世界現時的狀況，從而體現我們的盼望。

耶穌和身體盼望

耶穌教導祂的門徒為將來禁食。有一次，有人這樣對耶穌説：「約翰的門徒屢次禁食祈禱，法利賽人的門徒也是這樣；惟獨你的門徒又吃又喝」（路五 33）。他們要耶穌解釋為甚麼祂的門徒不依從傳統禁食。這節經文所用的「屢次」（*pukna*）可以譯為「熱切地」（intensely），同時指向法利賽人對禁食的執著及其禁食的頻密程度。具體而言，約翰和法利賽人的門徒都委身於定期禁食，但耶穌的門徒卻以「又吃又喝」——也就是是**歡宴**而不是禁食——而為人所知。

耶穌明顯預備好面對這樣的問題，祂以一個問題反問他們：「新郎和陪伴之人同在的時候，豈能叫陪伴之人禁食呢？」答案是「當然不能」。這就是耶穌想建立的論點：在筵席上，只有心懷不滿的人才會禁食。但耶穌還未說完。

耶穌預言：「但日子將到，新郎要離開他們，那日他們就要禁食了」（五 35）。祂還附帶兩個巧妙的謎語：正如你不會將新布縫在舊衣服上，因為兩者不相配，[2] 你也不會將新酒裝進舊和變薄的皮袋，因為發酵後氣體的膨脹會令舊皮袋爆破。因此新郎同在時，你不會禁食，但新郎被帶走時，你便會禁食。

約翰和耶穌論禁食

施洗約翰以其禁食而為人所知。約翰的禁食是對上帝國度的身體盼望。他適應不了這個世界——除非上帝的旨意更牢固地在地上確立。但耶穌看事情的方式不同。約翰尋找的，耶穌一再宣告說**已經來到**！耶穌不為將來的國度禁食，因為祂相信那將來是現在。因此耶穌說，祂在世上時，可以將禁食擱置。

耶穌以一個來自先知的意象，建立祂對已然來臨的將來的新視角：上帝的國度是無盡的彌賽亞筵席（messianic banquet），有喜樂、團契、歡宴。還有，耶穌那有力的自視令祂能夠宣告，在上帝的國度降臨之時與祂一同進食，也就預嘗了那彌賽亞筵席。約翰期待那國度，並為之禁食；但耶穌不同，祂宣告那國度已經在祂裏面臨在，因此是時候結束禁食，開始歡宴。

但耶穌回到父那裏時，有甚麼事情發生？在那時，耶穌預言祂的追隨者會恢復禁食。為甚麼？為了表示**渴望上帝的彌賽亞筵席的日子臨到，以及渴望那國度公義的景象會像在天上那樣臨在地上**。這種禁食，**體現**了主禱文的第二、第三個祈求：「願你的國降臨；願你的旨意行在地上，如同行在天上」（太六10）。我們甚至可以提出第四個祈求——「我們日用的飲食，今日賜給我們」——當我們看到上帝在摩西、以利亞、耶穌禁食時如何支撐他們。對耶穌來說，時間可以分為四個時期：在祂來臨之前，為彌賽亞禁食；彌賽亞在地上的時候，歡宴；預期國度圓滿地來到，懷著盼望禁食；但一旦國度圓滿來到，便應該歡宴。

耶穌來臨之前	耶穌的同在	教會	國度
在預期中禁食	歡宴	在盼望中禁食	歡宴

因此，禁食對教會來說，是回應兩個神聖時刻：耶穌的缺席，以及承認這個世界不是上帝所希望的那樣。身體盼望以禁食回應這兩個時刻。

我們又怎樣？

耶穌預言祂的追隨者會在祂完成地上的道成肉身和祂最後來更新世界之間禁食。他們在那段時間禁食，**作為身體盼望，渴求那國度彰顯在地上**。羅馬天主教神父瑞安的著作《禁食的神聖藝術》是關於這個主題的書中，我讀過的一本相當好的著作。它給我們一些明智的提醒：

> 禁食是（耶穌的）僕人在這種以將來為導向，等候新郎回來時保持警醒的一個方法。你可以將他們在等候時那謹慎、神祕的喜樂比作甚麼？你可以說那情形就像早上音樂會中詩班輕聲哼唱或吹口哨；就像母親和父親清潔房子、鋪牀，期待孩子在感恩節或聖誕節回家；就像站在機場客運站或火車站，等候你的愛人出現；就像未婚妻耐心處理婚禮的邀請：等候已久的事情還未發生，但它會來到，這是必需的準備。在每種情況下，都是精力充沛，有所期待，並以期待時的安靜喜樂為標記。[3]

身體盼望作為對屬天的盼望是活現在教會的。我們在東正教和西方的羅馬天主教都找得到它。但我們需要重新復興身體盼望，就是回到這一章研究過的經文，專注於地上多於專注於天上。比起身體操練，身體盼望更像身體貧窮，但其獨特的基督教特性，是它不單抵制不公義現象，也體現一種盼望：盼望上帝會在這個世界行動，確立祂的旨意。要知道如何在今天活現身體盼望，我想先集中在東西方教會的觀點，然後轉向探討在當下，身體盼望對地上的生命有甚麼意義。

東方的路向

東正教以禁食作為身體盼望，他們以**聖化**（theosis）這詞表達這種盼望，也就是盼望終局、永恆、與上帝的出神聯合（ecstatic union）。東正教教導說，每個基督徒的生命「目標」是「與上帝聯合和聖化」。[4]東方靈性的基礎是聖安東尼的榜樣。我的同事納西夫（Bradley Nassif）是東正教神學家，他寫了一段文字給我，我剛好在編輯這個段落時收到它：「『推動』安東尼的苦修操練的『神聖時刻』，不是作為禁食的催化劑的某一特定事件，而是對時代終結的『終末異象』，這為當下帶來一絲曙光。由於基督已經升天，於是我們禁食，等候新郎回來。」[5]東方基督徒理想的狀態是藉著禁食，令自己更恰當地與上帝聯合。在他們的旅程中，禁食的形塑過程推動他們盼望與上帝聯合。

西方的路向

羅馬天主教的一切，總是從**教會的生命**（ecclesial life）而出。禁食作為身體盼望，與羅馬天主教的傳統十分協調。由於上帝的救贖工作在上帝於教會（和她正統的聖禮）彰顯的恩典中發生，也透過這恩典發生，因此禁食藉著與窮人休戚與共，以及帶領身體本身進入教會的恩典，令天主教教徒得以有分於教會的生命。這與身體盼望有何協調之處？真正的羅馬天主教的禁食神學，是具身體體現性的基督徒（the embodied Christian）將自己朝向上帝的恩典，這恩典透過教會，並在教會——基督的新娘——中**已經**臨到，**正在**降臨，**將會**再臨，教會會發覺自己在最後的國度中，穿上了榮耀和尊榮的外衣（啟二十一～二十二章）。因此在所有天主教禁食中，都有一條身體盼望的路線：基督徒悔罪禁食，藉以給窮人禮物，並盼望基督的身體得以圓滿。

我發覺東西方教會那身體盼望的主題，都對今天的教會生命很有價值。如果我們想恢復耶穌的教導，還可以說得更多和做得更多。

地上的路向

基督徒很容易偏離盼望上帝的國度這個焦點。有時我們因為太專注於屬天的事或太集中於我們個人的需要，以致失去了對國度的盼望。耶穌教導祂的門徒渴求和祈求的，就是上帝的國度彰顯「在**地上**，如同行在天上」（太六10；強調為引者所加）。我相信作為身體盼望的禁食，較不專注於「天上」，甚至較少專注於個人與上帝的屬天靈性聯合。相反，身體盼望更專注於上帝的愛、和平、公義此時在地上建立。因此，當我讀到耶穌說祂的追隨者會在祂再來之前禁食這話時，我聽到耶穌召喚祂的追隨者渴望和盼望上帝完美的國度**在地上**實現。

身體盼望體現基督徒渴求他所處的世界，有道德、社會、政治的進步，渴求佈道，渴求家庭活在愛中，渴求羣體爭取共善——簡單來說，渴求上帝的國度現在彰顯。伯胡斯（Kent Berghuis）對禁食的研究和踐行在好些地方挑戰我自己的理解，他這句話說得最好：「基督教時代（Christian era）是禁食、歡宴的時代，在認信最終的結果時，持守未完成的工作的張力。」[6]

基督來了——我們可以歡宴。

基督仍未來——我們應該禁食。

回顧前幾頁的圖表，在教會時代，我們既歡宴（因為基督與我們同在）又禁食（在我們預期國度圓滿之時），因為我們渴求上帝在地上建立祂的國度。

第二部

智慧和禁食

第十一章

禁食及其困難

當禁食攀上「敬虔標記圖表」的頂峯時，它的問題便開始出現。對禁食第一個記錄在案的攻擊在以賽亞書五十八章，在那裏，先知的指控直接從耶和華的口中而出（14 節），指責、剖視那些以為自己的禁食是敬虔的，但卻缺乏愛且不公義的人。自以賽亞開始，猶太人、基督徒、穆斯林都提出警告，要人們提防虛偽的禁食，也都指向超越禁食這身體行動那內在生命的重要性。有時這些批評深深植根於人們或教會的良心，以致禁食落入業已逝去的屬靈操練的幽谷。

如果你向朋友提及自己要踐行身體操練，你很可能會聽到一連串關於禁食的問題。以下將提出一些最常見的問題，我簡短地討論它們，不按特定次序，但每一項都是重要的。知道某種屬靈操練的潛在問題，可以幫助我們更忠心地踐行那操練。

操控

我的孩子年紀還小時，在回答他們媽媽或我的問題時，有時我們會接著問他們：「你所說的，真的是你的意思嗎？」他們一定會說：「這真的是我的意思。」如果他們特別投入，會說：「這真的、真的、真的是我的意思。」這反映有時我們所說的話，並不是我們真正的意思，所以我們用一些話來向別人保證我們說的是真的，藉以支持我們之前簡單的說法。正如「這真的、真的、真的是我的意思」，表示「這是我的意思」可能不完全是真的；禁食也可以變成我們對上帝的「這真的是我的意思」。有些基督徒以為禁食可以向上帝證明他們的絕對認真和深切的忠誠。他們以為，**如果我禁食，上帝會特別留意我的禱告**。胡說八道。上帝不會被操控或纏擾，以致不得不將我們想要的東西給我們。這種禁食的觀點是工具觀的極端例子，很容易令禁食變成操控的手段。

有時操控來自其他基督徒，並以另一種方式呈現；不是基督徒嘗試操控上帝，而是有些基督徒以禁食作為敬虔必不可少的標記，從而操控別人，認為不禁食的人不夠敬虔。但禁食不是敬虔的特別標記，新約對敬虔的惟一標記是：愛上帝、愛別人、活在聖靈中。由於很難根據這幾點來判斷別人，有時我們受到試探，以類似禁食的屬靈操練來「標記」敬虔。這是錯誤的；有些真誠地愛上帝、愛別人，並行在聖靈中的基督徒，會因為禁食的掙扎而受苦和沮喪。

欺騙和律法主義

我們大部分人都知道禁食可以是一個挑戰，我們與別人一起禁食時，那挑戰更大。羣體愈相信禁食對大家是必不可少的，那挑戰便愈大。有些禁食的人不能實現個人或羣體的目標，無論出於甚麼原因——主要問題是飢餓——他們可能嘗了一點東西或吃了一點東西。他們打破了禁食，也沒有信守自己的話，更別提對羣體的承諾了。這是禁食常見的情況，最早寫這主題的作家都明白這個問題，並促請基督徒嚴守自己的話。

可惜，在這裏，有些人恐怕自己犯了亞干的罪（見約書亞記七章）。亞干收起了一些當滅之物。接著，以色列在對抗艾城的戰爭中失敗了。以色列人得知有人詐欺，令聖潔的羣體蒙污——亞干偷了一件巴比倫外袍、兩百舍赫勒銀子、一條金子，藏在自己帳棚內的地裏。亞干被找出，人們用石頭擲死他。今天，有些良心特別敏銳的人覺得，如果他們承認自己沒有適當地禁食，會被羣體「用石頭擲死」。於是他們說謊，告訴別人自己有禁食。這是我們所有人都需要坦誠的：任何踐行禁食的羣體，都需要談及我們面對飢餓時的困難——我們有時就是忍受不了飢餓。任何不容忍禁食時面對的正常掙扎，或者不容許彈性空間存在的羣體，都會破壞其本身的見證，其成員的屬靈自由，也會被律法主義限制。

並非每次禁食都能夠好好進行；有時我們忘記了，意外地吃了東西；有時我們抵抗不了進食的衝動。如果我們在預定的時間前結束禁食，就是沒有信守承諾。這樣的事情發生時，我們不應該輕視我們的失敗，但也不應該視之為不可饒恕的罪。在這些情況下，向滿有憐憫的上帝承認你的放縱、粗心大意或意志薄弱，告訴所屬羣體發生了甚麼事情，決定下次做得更好。我勸羣體要寬容對待禁食的人——禁食不是所有人都能輕易做到的事情。

瑣碎的詭辯

禁食表示不讓自己進食，可能也不喝水，藉以回應神聖的時刻。詭辯是將規則倍增，好使人們避免違反那更重要的規定。瑣碎的詭辯則是藉著將規定（禁食）定得極度狹窄從而逃避它，它在禁食中會這樣發生：禁食的「規定」關乎不讓自己吃**食物**，但由於（瑣碎的詭辯論證說）禁食實際上是關乎杜絕「愉悅」，我們只要不讓自己吃令人愉悅的食物就行。因此，如果某人不讓自己吃紅肉或甜品，便也是在禁食，吃利馬豆是沒有問題的(主啊，憐憫我們)。

論到揭露瑣碎的詭辯，馬丁．路德那豐富的修辭無人能及。他寫到有些人認為不吃某種食物(肉)或不喝某種飲料(酒)，便是給自己機會吃喝更多其他東西。路德告訴這些人，這不是禁食：

> 我真的敢說，在羅馬教廷所謂的「禁食」中，我從來看不見真正的禁食。如果某人預備昂貴的魚作午餐，有最好的調味——比另外兩三餐更好，更用最烈的酒伴著吃，花一至三小時填滿自己的肚腹，我怎能稱那為禁食？但即使對於最嚴謹的修士，這都是正常甚至微不足道的事情。獻身於上帝的教父、主教、修道院院長和其他高級教士非常嚴格地遵守禁食，晚上卻享用十至二十道菜和很多點心，這些食物，就連幾條長尾鯊都可以吃幾天。[1]

他這樣總結是對的：「有些人在基督教世界中這樣做，並容許這種歪風，欺騙上帝，說這種貪吃、狂飲、填滿肚子的行為是禁食和善行，實在令我厭煩。」[2] 這是瑣碎的詭辯中最差的一種。

我不懷疑有些人禁食是為了歡宴，我也不懷疑路德的話誇張、言過其實——當時很多羅馬天主教領袖的禁食正如基督徒所應做的那樣。我也不懷疑路德的話會令很多人得出結論說：「如果這就是禁食，我們完全不應該禁食。」我們應該以他的話為誇大的教訓，顯示瑣碎的詭辯有時可以對我們造成甚麼影響。

虛偽

從以賽亞到耶穌，到殉道者游斯丁（Justin Martyr）的《與特來弗對話錄》（*Dialogue with Trypho*），到初期基督徒的《巴拿巴書》（*Epistle of Barnabas*），到馬丁·路德，到你在本地書店找到的任何一本關於禁食的書，故事都是一樣的：基督徒，如果你選擇禁食，要提防虛偽！我喜歡巴西流的話，他警告我們，我們在禁食時，有不在道德上受到轉化的危機：「你用來保存貴重物品的保險箱並不安全；你的酒瓶底下有洞，酒漏出來，緩流而下，但罪仍然留在裏面。」[3]如果你的禁食沒有令你更深地愛上帝和愛別人，或更全然聖潔，你的靈性是有漏洞的！

耶柔米是四世紀一位嚴格自守的教父，他在伯利恆管理一間修道院。他在一封給尤索貞（Eustochium）的長信中說得好：「如果你禁食了兩三天，不要以為你比沒有禁食的人更好。你禁食卻憤怒；別人進食卻帶著笑臉。你發泄你的煩躁，在飢餓時爭吵；他適量地進食，並感謝上帝。」[4]重點是：禁食的目標是變得善良。如果你沒有一些道德進步，那麼你的禁食並不正確。他在説，讓我們不要受騙，以為靈性的核心是關乎禁食。

屈梭多模在基督教初期關於馬太福音的著名講道中說：「如果你心裏充滿惡念；如果你自己眼中有樑木，卻責怪別人眼中有刺，並且所做的一切，都是為了讓別人看見——如此，禁食又有甚麼用？」[5]我喜愛屈梭多模這講道中的警句：「雖然你禁食，雖然你睡在地上，甚至扼死自己，但你完全想不到鄰舍。如此，你沒有做任何偉大的事情，在禁食時仍然遠離那形象（基督）。」[6]

如果我們的禁食沒有令我們更有愛、更聖潔，禁食可以變得虛偽。禁食是為了回應重大的神聖時刻，與神聖的接觸，應該轉化我們。我們需要依從的規則十分簡單：禁食和所有屬靈操練一樣，是設計來培養我們對上帝和對別人的愛，否則，便是有些地方出錯了。

引人注意

除了虛偽外，有些基督徒利用禁食來吸引別人的注意。他們禁食，是因為它帶來榮耀。那邏輯是明顯的：

每個人都認為禁食的基督徒是敬虔的。
我禁食。
因此別人會認為我敬虔。

正如耶穌所說：「他們已經得了他們的賞賜」(太六16)。換句話說，他們得到的只是人的注意。耶穌的策略在那時和現在同樣好：我們禁食時，應該不告訴不需要知道的人，也不需要在臉上塗灰，令別人明顯看到我們在做甚麼。如果灰對你來說是傑出的標記，洗掉它。

這不是規條——耶穌的警告是給那些以禁食來引人注意的人。有些人披麻蒙灰，頭上撒了塵土禁食，但卻全神貫注，不引人注意。其他人則需要留意，要抹去所有敬虔的痕迹。[7]

功德主義

如果馬丁·路德那生動的批評有某些價值，他對功德主義(meritoriousness)的指控則更形重要。功德主義指的是人們在禁食時，尋求上帝的恩惠，以為禁食在上帝眼中是值得獎勵的。由於這是路德和他的支持者經常反對的事情，也由於批評天主教的人都喜歡以此為論點，我會在這背景下提出功德(merit)這個問題——但我要首先指出，功德主義不是天主教獨有的罪，其他基督教宗派也犯了這種罪。這裏的問題不是出在天主教身上；問題是人們認為可以以自己所做的事，贏得上帝的恩惠。

新教的出發點是惟獨恩典和惟獨信心——單靠(上帝的)恩典和單靠信心。也就是說，我們所做的一切都不能贏得上帝的恩惠；上帝將祂的恩典賜給我們，是出於祂的憐憫和愛，不是因為我們賺得它。路德說：「禁食成了在上帝面前尋求更大的功勞、贖罪及與上帝和好的方法。」[8] 將禁食從自發和自然的身體言談、對重大的神聖時刻的回應，化為立功之舉，是在耶穌出生之前和希伯來聖經（舊約）形成之後的某段時間出現的；非正典書卷《所羅門詩篇》（*Psalms of Solomon*）說：「義人不時察看其居所，要除去無心之失。他藉著禁食和使靈魂謙卑，贖除無知的罪」（《所羅門詩篇》3.7～8）。

今天我們仍有這個困難：我們禁食，然後以為我們做了一些事情，上帝不單應該特別留意，也要因為我們走了額外一里路而特別賜福予我們。如此，我們便誤會禁食是怎麼一回事了。

利益炎

我不習慣創造新詞，但我認為**利益炎**（benefit-itis）這詞說明了某些現象。有些人花很多時間思想可以從禁食中得到甚麼，以致他們透過「禁食可以為我們做甚麼」這塊鏡片，來看整個禁食操練。再一次，禁食的工具觀佔了上風。今天，我們在勸基督徒禁食時，往往談了不到一兩頁，便開始說服人們：如果我們禁食，我們會更屬靈、更專注於上帝、在屬靈上更專注、更常領受上帝的恩賜、更健康、更……更……更……。

我們想從禁食中得到各種事物這種炎症，就是我所說的利益炎。

這同樣是一派胡言。在聖經的深厚傳統中，禁食不是關乎我們得到甚麼，而是關乎我們對生命神聖時刻的回應。我們禁食，是因為我們面對的時刻是那麼神聖，以致禁食是惟一將我們整個人帶到上帝面前的方法。我們禁食，不是要從上帝那裏得到一些東西；我們禁食，是為了向上帝毫無保留地表達我們自己。可以肯定的是，有時我們的意圖是向上帝尋求一些東西（參第四章的身體祈求），但我不認為禁食是我們得到那些好處的方法。相反，我們對我們的祈求是那麼認真，以致需要以禁食來恰當地表達——我們禁食，為某些事情向上帝祈求。

讓我以稍為不同的方式重述這點：禁食甚至不是關乎為上帝騰出空間；它也不是關乎對上帝更坦誠。禁食關乎我們在面對生命中的神聖時刻時，在上帝面前，怎樣將我們對祂的那種全然專注表達出來。專注於我們從禁食中得到甚麼，是誤解了人類經驗的榮耀（glory of the human experience）。

健康

有些人主張禁食對身體有好處。但心理學家警告說，禁食可能會引致神經性厭食症——確實有這個可能。你本地的醫生可能會警告你，如果踐行過度，禁食會干擾你的電解質。因此，任何表示禁食可以令你更健康的主張，都必須是來自你醫生的建議。由於這個課題是那麼重要，本書的最後一章會討論禁食的醫學面向。

極端主義

我們有些人知道或讀過或聽過某些人開始時每星期禁食一次，但很快便採取愈來愈嚴格的禁食方式：鞭打自己、穿粗衣或披麻衣，以致身體虛弱得令人懷疑他們的神智是否清醒。這是極端主義的危險之處。和其他事物一樣，禁食必須恰當地進行，平衡得宜。

我在這裏想到耶柔米對自己的極端苦修和禁食的生活方式那富啟發性的評論：

> 眼淚和呻吟是我每天的分；如果睡意在我對抗它時勝過我，我七零八散的骨頭便會散落一地。關於我的飲食，我甚麼也不說，因為即使在患病時，隱居的生活也只有冷水，吃煮熟的食物也會被我視為自我放縱。現在，雖然基於對地獄的恐懼，我將自己困在這（曠野的）監獄中，除了蠍子和野獸外，我沒有同伴；但我往往發現自

> 己身處一羣（幻想中的）少女中間。我的臉色蒼白，我的身體因為禁食而發冷；但我心裏燃燒著慾望，當我的肉體好像已死時，慾火不斷在我眼前升起。

但他也補充說：「我有時感到自己身處眾天使中間。」[9]

迦賢努警告眾人極端做法的危險，並指出他極端苦修時，生命的光景是這樣的：

> 我記得我往往抗拒對食物的慾望，戒除了食物兩三天後，想起任何可以吃的東西，也不會令我感到困擾，睡魔的攻擊也遠離我；有幾日幾夜，我向上帝祈禱，求祂使我安睡片刻；然後我感覺到比起對抗懶惰和貪吃，想要（缺乏）食物和睡眠使我身處更大的危險之中。

他從多年的經驗中這樣總結：「過度的戒慾比粗心的飽足對我們傷害更大。」[10]或者正如耶柔米在談及我們都需要暫停禁食、每個人都需要進食時十分聰明地說：「我從經驗中學到，大道上勞苦的傻瓜，在疲倦時會走進旅館。」[11]

我在這裏沒有理由提出，由於禁食可能引致極端主義，所以禁食是不好的；但我也沒有理由避免一個警告：在最嚴格的人的踐行中，禁食可以變得極端，對身體和靈魂都不健康——

更別提對教會本身了。本書的主題並不是關乎苦修主義，但我們不難看到，嚴格的禁食和苦修的生活方式往往一起出現，有時會損害個人的靈性。耶柔米認識一些極端分子，他們因為禁食過度，結果「不知道要做甚麼或去哪裏、甚麼時候說話、甚麼時候保持沉默」。[12]

飽滿的星期二

在飽滿的星期二(Fat Tuesday；編按：聖灰星期三前一天)，傳統做法是讓狂歡的人長胖，盡情吃肉喝酒，因為大齋期在聖灰星期三開始。這肯定是一個典型的例子。

這傳統比現時在新奧爾良發生的事情更古老。屈梭多模在四世紀便指摘這個問題，將矛頭指向教會的人：

> 但由於很多人在開始禁食前，彷彿他們的肚腹將面臨一種長時間的折磨，於是先飽食和醉酒；並在(大齋期的禁食結束)得到自由時，就像經過長期饑荒和嚴酷的監禁，懷著極不合宜的貪心跑到飯桌前，彷彿要以過度的貪吃，極力除去透過禁食得到的好處。[13]

在禁食前後沉溺於進食不是禁食的重點——也不健康。

警告了大家禁食有甚麼危險後，是時候轉向古老的問題：禁食有沒有好處？

第十二章

禁食及其好處

關於禁食有甚麼好處，我已經提出我的看法，但我們仍然要檢視禁食對人的好處。派博是明尼蘇達州（Minnesota）的牧師，他講述了一個關於倫奎斯特（Carl Lundquist）的故事。倫奎斯特做了三十年大學校長，在晚年學會禁食。他見證了金俊坤博士（Dr. Joon Gon Kim）告訴他禁食在韓國的影響後——金博士為了回應一個重大的情況，渴望將一個政治決策推翻而禁食了四十天——這樣説：「我回到酒店時，想到我從來沒有像那樣禁食。」這就是我要説明的重點——倫奎斯特説：「或許我從來沒有以同樣熱切的程度渴望上帝的作為。」[1]我主張是那渴望、那渴求、那「想望」引發那種為禁食的人帶來好處的禁食。禁食是一個人自然而然的回應，直言之，那人「想它」，在回應重大的情況時想自己所想。

一個警告

我必須首先斷然指出：**禁食可能沒有即時和顯著的好處**。大衛為了兒子的性命在上帝面前禁食，但那兒子死了；數以百萬計基督徒為了數以百萬個原因禁食，但他們的祈求沒有按他們希望的方式得到應允；有些人禁食藉以勝過罪，但卻沒有得勝；有些人禁食藉以更親密地與上帝相連，但卻在自己和上帝之間發現一堵厚牆。因此在談及其他事情前，必須先將這點說清楚：禁食不是法術，並且不保證成果會出現。禁食不是我們拿來運用的技巧，單單因為我們運用它而令事情發生。回到我們那三欄：基督徒禁食的深厚傳統的中心，是一個重大的神聖時刻（A）驅使整全的人禁食（B），有時成果（C）出現，有時則不然。

禁食是發生在全人——身體、魂、靈、心、思想——降服於上帝的人身上的事情。就像《納尼亞傳奇》（*Chronicles of Narnia*）中佩文西的孩子，他們有時發現衣櫃是通往納尼亞的路，有時卻發現它只是一個木箱，不通往任何地方。降服於上帝也是這樣：有時禁食的人被引入納尼亞，有時卻沒有。打開衣櫃的門就和禁食一樣，並不保證衣櫃後面會通往納尼亞。

這帶我回到本書論證的主線：禁食是身體言談。我們禁食，不是因為藉著禁食可以更親密地聆聽上帝，而是因為那是對生命的神聖時刻最好和最整全的回應。單單全然與上帝相交，已經帶來喜樂。我認為與上帝相交，就是禁食的意圖。

不過，歷代有太多基督徒在禁食後得到很多好處，以致我們忽略了禁食真正的好處——然而（讓我重複一點）我們不應該視禁食帶來那好處，一切美好的恩賜都來自上帝。我們在上帝面前敞開自己，有時得到我們想要的東西，有時得不到。但雅各告訴我們，義人的禱告是得蒙垂聽的（雅五 16）——有時義人發覺禁食是表達自己的惟一方法。因此，透過下面的內容，我們會發現，將自己完全降服於上帝跟前的人，有時會發現：有空間給上帝、脫離罪、禱告蒙應允、窮人得公義。或許我可以從關於禱告的其中一篇最重要的論著開始——巴西流的講道〈論禁食〉（"About Fasting"）：

> 禁食生出先知，加強那有力量的。
> 禁食賜製訂法律者智慧。
> 她是靈魂的保障，是身體固定的同伴，
> 是勇敢的人的武器，是勝利者的操練。
> 禁食勝過試探，膏抹敬虔的人。
> 她是清醒的同伴，模塑健全的思想。
> 在戰爭中她勇敢爭戰，在和平中她教導平靜。
> 她潔淨拿細耳人，使祭司臻善。[2]

給上帝的空間

全然向上帝敞開，以禁食回應生命的神聖時刻的人，可以發現上帝那賜生命的同在，有時也會對上帝的同在有可感知的經驗。亞當和夏娃的經歷是聖經的原型（archetype）故事，他們在伊甸園，活在上帝的同在中，但後來卻被逐出伊甸園。聖經告訴我們，人被造的目的，是享受與上帝的親密相交，但卻因為自己的意志而與上帝疏遠。然而，在每個人的心靈深處都有一個杯子，人知道自己的空虛，並渴求被填滿。或者正如聖奧古斯丁所說：「祢為祢自己創造了我們，我們的心躁動不安，直到它在祢裏面找到安息。」[3]同樣重要的是，聖奧古斯丁以這句話回應以上的渴求：「祢喚起我們在對祢的讚美中喜悅。」[4]整個基督教傳統告訴我們，人類渴求上帝，上帝在每個人裏面動工，喚起那種渴求。對某些人來說，那由上帝注入的對祂可感知的同在的渴求——這肯定是生命其中一個神聖時刻——是那麼熱切，以致他們禁食。我們可以說，某些人是那麼強烈地感受到上帝隱藏的同在，因此禁食，藉以突破到上帝可感知的同在中。無論我們怎樣描述那種感覺，都有尋求上帝的人，他們的尋求以禁食表達，而他們也找到上帝的同在。

摩西自己對上帝的渴求可能表達了這一點（出三十四）。是摩西的禁食令他有與上帝面對面的經驗，還是上帝的同在製造了一個情境，以致進食會破壞那一刻的聖潔？我們用禁食表達自己渴望全然處於認識上帝的同在中，那渴望製造空間給上帝，而正是上帝的同在，使我們對上帝的同在產生熱切的渴求，以致我們用禁食表達那渴求。

對耶穌來說也一樣（太四 1 ～ 11）。在祂開始公開事奉時，背後有三十年的禱告和踐行，祂也公開認同施洗約翰的異象——上帝的救贖計劃剛剛成就。耶穌被上帝的聖靈引至曠野，在那裏，祂與祂的父相交。難怪耶穌禁食四十晝夜。在荒蕪的曠野，耶穌重演以色列四十年的漂流——不過這次與以色列的兒女不同，耶穌保持順服，因為祂在上帝的同在面前，以禁食潔淨自己。就連魔鬼提議耶穌運用自己的能力重演嗎哪的神蹟，也不能阻止耶穌享受與上帝一起的神聖時刻。

約翰．衛斯理從經驗中明白這點：「因此，（在我們的禱告和禁食中）上帝往往喜歡提升祂僕的靈魂至地上一切事物之上，有時將他們帶到第三層天。」[5]

今天，對此最突出的論調來自派博，他將他個人渴望上帝榮耀的異象，應用在幾乎所有與基督徒生命相關的主題。在他關於禁食的著作《渴慕神》（*A Hunger for God*）中，派博解釋，禁食是靈魂渴求與上帝親密相交，禁食提醒我們，我們靈魂的最大渴求是以上帝之樂為樂。他以這句話將這一切連結起來：「基督徒禁食有一半是我們肉身的食慾消失了，因為我們對上帝的鄉愁（homesickness for God）是那麼熱切，另一半是我們對上帝的鄉愁受到威脅，因為我們肉身的食慾是那麼旺盛。」[6]

戒除壞習慣

或許由於魏樂德具影響力的著作《靈性操練真諦》（*The Spirit of Disciplines*）集中討論過禁食，強調基督徒要學習藉著操練從而鍛煉自己[7]——基督教傳統的禁食的主要推動力，在今天似乎集中在戒除壞習慣這種好處。如果使徒保羅談到攻克己身（林前九 27），很多基督徒效法他一點都不稀奇。傅士德（Richard Foster）宣稱：「禁食比任何屬靈操練更反映出那控制我們的事物。」簡單地禁食幾小時會令胃部翻滾，禁食者會受到挑戰，藉著對抗食慾繼續禁食；或者那人已學會對慾望説不。如果慾望得勝，那人會更認識自己。但正如傅士德接著説，禁食揭示的不單是食慾：「如果驕傲控制我們，它也幾乎會立刻浮現。」他繼續説：「憤怒、怨恨、妒忌、爭競、恐懼——如果它們在我們裏面，會在禁食時浮現。」[8]

今天，我們不肯定耶穌的同代人為甚麼在星期一和星期四禁食——或許在道德上操練自己，或許作為身體盼望。但我們可以合理地相信，初期基督徒在星期三和星期五固定禁食的主要動機，是身體操練，藉以追隨基督。如果那禁食向人揭示甚麼最控制他們，那些人便知道接著該怎麼做。如果操練性禁食教導我們將慾望從屬於靈，壞習慣便有可能減少。如果基督徒將自己禁食以面對上帝的日子，聯繫到特定的壞習慣或罪行，那人便會進步。

幾乎每一個禁食的人，都會以某種方式察覺到，禁食令我們更深刻地意識到食物支撐我們，這察覺令我們為食物而感恩。感恩令我們看到我們依靠上帝，而當我們有此察覺時，便可以在生命中有真正的道德進步。

禱告蒙應允

在舊約，以斯拉勸那些回到應許之地的人禁食和禱告，尋求上帝的引導和保護，他們也確實得到所求。掃羅的同伴以禁食尋求上帝的心意，並得到引導。人尋求上帝的心意這基本的直覺今天仍然存在。很多人在尋求上帝的旨意時禁食。學生不知道要主修甚麼、父母擔心孩子的將來、成年人關注收支平衡、戀人克服關係中的障礙——每一個人都發現禁食有助找出下一步、正確的一步，或明智的一步。

窮人得公義

以賽亞書五十八章正正顯示了禁食之所是：真正的禁食超越我們自身，進至為別人行善。真正的禁食使人尋求公義。禁食顯明我們需要食物，那顯明令我們更察覺到別人的需要，促使我們不單將我們要花費（或吃）的施予他們，也過慷慨的生活，投身為世上窮人和有需要的人爭取公義。

最近一位朋友告訴我，她在大齋期只吃世上窮人吃的食物——穀粒。在整個大齋期，她都專注於窮人的處境——如果這不能夠令我們更仁慈，很少事情能夠。

一個提醒

現在來一個提醒：我相信禁食有可感知、真實、有益的成果，但我也相信禁食不是工具，可以用來得到我們想要的東西。因此，我們需要將這些禁食的好處放在一個更大的處境中：每一個好處都源自回應某種神聖的時刻。在回應這些神聖的時刻——災難、死亡、慾望——之時，我們轉向上帝。在這轉向中，也就是我們懷著信心、盼望、愛心轉向上帝之時，上帝會帶來成果，消除我們面對的重大情況。我認為這是理解基督教傳統中的禁食的正確方法。

第十三章

禁食和身體

有一次，一個聰明的牧師打算取笑我。他或許對我接受了太多教育有點懷疑，將我介紹為擁有「那種對任何人都沒有好處的博士學位的人」。即使我質疑他那「沒有好處」的意思——畢竟，我們神學家確實研究和嘗試活出那「好處」——我也不質疑他所說的話適用於我在這一章討論的主題。我不是醫生，以下我會完全倚賴我認識的專家。[1]我們停止進食時，身體有甚麼事情發生？或者說我們進行禁食時，身體有甚麼事情發生？禁食是否健康？

禁食和古代世界

讓我在開始時明確提出一點：聖經中的禁食並不是源自對健康的關注；它既不是節食，也不是淨化。今天的小學生對於身體運作的認識，比古以色列人和初期基督徒知道的更準確。[2]對從聖經或初期基督徒關於身體的理論得出的關於健康的醫學結論，我們必須特別謹慎。我們在提出用像禁食這樣的古代屬靈操練，來支持我們關於健康和飲食的理論時，也必須小心。

一些初期基督徒相信分量少和乾的飲食對靈魂有好處，而分量多和潮濕的食物和飲料則會引致邪惡的思想。這很大程度上可以追溯到蓋倫（Galen）——二世紀一個來自小亞細亞的希臘醫生/哲學家。他提出四種元素（火、土、風、水）、四種屬性（溫暖、寒冷、乾燥、潮濕）、四種體液（血、黑膽汁、黃膽汁、黏液）的理論。

蓋倫錯誤地相信，健康源自這些元素的恰當混合（希臘語是*krasis*）。四種體液源自一個人吃的食物。靈魂的健康源自身體的健康，即體液的恰當混合，這由健康的飲食而來。例如，酒令身體發熱和潮濕，而大麥則令身體涼快；較溫暖的食物產生膽汁，而較寒涼的食物產生黏液。人類的性能量像咖啡機中的蒸氣一樣——愛令人的血沸騰，將血化為精液的「咖啡脂」。禁食或改吃較乾的食物，可以令性慾冷卻，帶來更貞潔的生活。因此飲食和道德健康互相影響。（當然，從醫學的角度看，如果一個人吃得不夠，他的激情，包括性慾，便會減弱。）

我們可以繼續說下去，但重點很清楚：古人竭其所能解釋身體的運作，但他們解釋身體的運作時，距離科學上的準確性仍然很遙遠；因此，他們將身體健康和道德健康聯繫起來的方式，距離科學上的準確性也很遙遠。

禁食的危險

讓我們也清楚這一點：禁食如果做得不明智，不符合健康原則，是會傷害身體的。約翰・衛斯理寫信給摩根(Richard Morgan)，摩根的兒子曾屬於牛津循道派原來的圈子。衛斯理說：「(正如你無疑所渴望的)上星期日有人告訴我，是我弟弟和我殺死了你的兒子；他不顧我們的勸告而加諸己身的嚴格禁食，加重了他的病，加快了他的死亡。」衛斯理為自己辯護道。[3]這個故事對任何選擇以嚴格的方式禁食，而不接受專業醫生提供良好建議的人，都是一個警告——禁食不讓身體得到它需要的能量，所以必須小心和明智地進行。讓我們在這裏誠實點：禁食超過幾小時——以最直白的話來說——會令身體飢餓。

今天，過度節食的一個嚴重後果是神經性厭食症，因此，教會明智的領袖會特別警告年青人，禁食是有危險的。除了父母外，牧師和領袖都需要監控青少年的禁食。有些年青人只為了瘦身而禁食，如果不極度小心提防，這些行為會引致厭食症。一位朋友最近告訴我，他永遠不會鼓勵一羣年青人禁食，因為這樣會帶來潛在的傷害。

禁食和現代醫藥

一些健康專家不斷宣稱透過禁食或淨化，可以使身心回復健康，但很多醫生不同意，他們反對說：禁食並不能「淨化」結腸或讓其他器官休息，而是會干擾電解質的平衡，消滅一些我們必需的益菌，令血液的酸性增加。禁食令身體靠自己供應食物——靠肌肉和蛋白質。醫生可能會告訴你，禁食並不能淨化身體，而是會增加新陳代謝的毒素，並減低血壓。不過，如果能適當地補充水分，而且不超過十多小時，禁食並不損害身體。

很多以健康為目的的「禁食」，實際上是關乎健康和減肥，或關乎由輕盈的身體帶來的愉快感覺。醫生關心身體，知道過重是不健康的，因此恰當的飲食能夠減輕體重到理想水平，這會帶來健康和長壽。但令人達到理想體重的恰當方法，不是激烈的禁食，或以宗教作為禁食的藉口，而是健康的飲食、恰當地消耗卡路里、適量的運動。

我的警告是：聖經中的禁食不是關乎節食，也不是由對健康的關注模塑。如果不恰當地禁食，有可能損害身體。有兩位醫生最近告訴我，他們認為禁食不會為身體帶來任何好處。（兩人都說對過重的人來說，減輕體重是好事，但禁食不是減輕體重的恰當方法。）

我不是醫生，我倚賴這些醫生的專業成果。我發現很多健康專家和提倡禁食的人，都無畏地向我們宣告禁食對我們的健康的好處，但就這件事，我和醫學團隊的立場一致：禁食可能會損害身體。我促請你只在明確和安全的情況下禁食。如果你有任何疑問，請徵詢家庭醫生的意見。剛開始時，可由早餐禁食到晚餐，然後或許不吃早餐，只吃午餐。如果發覺身體能夠支撐那種禁食，便由晚餐禁食到第二天晚餐。糖尿病患者、兒童、孕婦或哺乳的婦女，重病、生病或體弱的人，都不應該禁食。

禁食：有甚麼事情發生？

拿一片新鮮的三文魚，將三文魚放在煎鍋上之前，先將火調猛，將煎鍋燒紅。現在將三文魚放在煎鍋上；你會將三文魚烤焦。離開大約十五分鐘，然後回到那冒煙和燒焦的三文魚。（我並非真的建議你這樣做，除非你在戶外！）在提出我的論點前，讓我建議另一個做法。拿一片新鮮的三文魚，將特級初搾橄欖油澆在魚的兩面——或許加點牛肝菌調味——然後將它放在冰箱大約一小時；之後將煎鍋加熱至中度，或者只是調高少許，輕輕將三文魚放在煎鍋上四至六分鐘，然後將三文魚反過來，煎另一面四至六分鐘。

這個比喻說的是，有些人嚴格地禁食，以致身體消耗掉其所儲存的所有能量，危害他們的健康——錫耶納的凱塞琳和聖法蘭西斯是兩個例子。其他人一生都溫和地禁食，有時自發地，有時附以規律的節奏，但從不走向極端。這些人發現禁食是良好的屬靈操練。哪種是較明智的做法？答案十分明顯。

如果你不知道禁食時，你對你的身體做了甚麼，你可能會更快「耗盡」。我們更需要的，是對禁食在醫學方面對我們的影響，有更科學的認識。我們禁食時，身體裏面發生了甚麼事？

基本事實

繼續用三文魚的比喻。身體需要「油」承受生命的熱力，也就是說，身體需要能量——以葡萄糖的形式，這主要來自碳水化合物，它們透過有助消化的酵素分解成葡萄糖。當我們吃三文魚，身體將三文魚化成能量。身體需要這些「油」令細胞保持快樂和健康，並促進新陳代謝和製造能量，以及我們身體裏面需要製造的一切。我們進食，身體機能繼續運作，我們的細胞唱自己的歌，跳自己的舞。

但我們為了禁食而停止進食時，是將自己放在沒有油的熱煎鍋上——沒有碳水化合物製造葡萄糖，因此，身體自我調節以維持生命。身體知道怎麼做——直接走向「緊急食物庫」找能量，也就是到達肝和肌肉，那裏儲存了少量資源供緊急使用。肝的小小食物庫有幾磅水，禁食令這水被消耗掉。身體消耗肝的食物資源時，體重會很快減輕。

潛在損害

過度禁食的潛在病徵包括鐵質不足、維他命B的迅速消耗、脂肪和肌肉塊的稀釋。如果持續禁食，會帶來各種病徵，包括**酮病**（ketosis）。我們停止進食時，身體在體內找一些可以化為能量的東西。碳水化合物消失時，身體打脂肪的主意。酮病是酮不正常地累積，酮是脂肪酸的新陳代謝的副產品，由碳水化合物供應不足引致。葡萄糖的正常供應因為碳水化合物不足而受到干擾時，身體轉向脂肪，以脂肪供應能量。脂肪化為能量，將脂肪酸釋放到血液中，這些脂肪酸化為酮。醫學專家認為酮對健康無益，因為血液的酸性累積，會令人有嚴重甚至致命的心律失調。

從《西氏內科學》（*Cecil Textbook of Medicine*）中，我們得知身體有多快便開始入侵緊急資源儲備：

> 禁食二十四小時後，（我們身體自然和偏好的能量來源）葡萄糖作為燃料的使用率便下降；肝臟的葡萄糖儲備只剩下百分之十五……禁食三天後，葡萄糖的生產速度減慢一半，脂解的速度比在禁食十二小時時快超過兩倍……禁食七天後，血漿酮的濃度增加七十五倍，酮提

供腦部能量需要的百分之七十。[4]

我們很可能已經提供了足夠（或者比足夠更多）的資料以說明一點：身體因為禁食而作出調節，但僅可維持生命。

我們受造，不是為了活在我們身體的急症室。禁食的確會影響身體健康的穩定性。

酮病：有益還是有害？

身體因著酮病清空肝和肌肉的資源時，會不斷釋放出酸性毒素，這只會毒害身體。（順帶一提，酮病會導致口臭和皮膚發臭這些令人不快的狀況！）身體開始用酮來作「油」時，身體進入衰退狀態（或冬眠或自燃），因為身體認出酮病是飢餓的開始。很多禁食的人和一些健康專家都認為酮病有益，有些甚至形容它能夠提高屬靈觸覺，並指酮化時會使人缺乏食慾（這並不健康）。不過，醫學專業人士認為酮病是一種飢餓，我們必須明白，當它惡化至嚴重的情況——酮酸中毒——對身體是有危險的。

身體可以在酮病中維持大約四十天，在這段時間，大部分人都感到缺乏食慾；還有其他問題，全都是不健康的。經過大約四十天嚴格禁食，即只喝水（有些人也喝果汁）後，身體再次有食慾（因為它知道如果沒有食物，它會捱餓而死）。如果延長禁食超過這段時間，可能會對身體造成嚴重損害。

而且，身體用了大部分脂肪儲備作燃料後，會開始分解蛋白質。這會令肌肉無力，可能需要很多個月才能夠復元。

結論

我以這一點作結：禁食是統一的人遇到神聖的時刻——死亡、意識到罪、需要在上帝面前禱告、渴望聖潔和愛——根本不能進食——那時刻太神聖，以致人不能沉溺於食物或愉悅。我們的身體需要食物和燃料才能夠生存；我們有責任明白這點。我們活在上帝、自己、別人面前，要明白進食的神聖性和禁食的神聖性這兩者之間的分別。

結論

本書以禁食的定義開始。在我們結束時，我希望你再次留意這個定義：

禁食是一個人對生命中重大的神聖時刻一種自然而然、無可避免的回應。

現在這個定義的元素應該變得清晰了。禁食是選擇在一段特定時間內不進食甚或不喝飲料。禁食和禁戒不同，後者是選擇不吃或不喝某些東西，但仍然吃喝其他東西。禁食也和節食不同，那是為了健康理由而不吃或不喝某些東西。正如我們在聖經的傳統中看到，禁食源自全人有機和統一的意識——身體和靈（或魂）一致地行動。對統一的人而言，禁食在個人遇到生命中的神聖時刻時，既是**自然而然**的，又是**無可避免**的。

現在我們來到聖經傳統關乎禁食的中心：禁食是一種**回應**。生命中發生了特定事件時，禁食是統一的人自然而然和無可避免的回應。我們強調，我們今天應該更多留意回應性的禁食，謝絕更常為人踐行的禁食方式。甚麼是更常見的方式？我們稱之為**工具性**禁食。工具性禁食是藉禁食得到或贏得一些東西。我們應該提醒自己禁食的三個元素——禁食的A→B→C流程。

A	B	C
神聖時刻	禁食	成果

在本書中，我們強調B作為對A的回應，這是基督教傳統的深刻之處。近代對禁食的強調——藉以得到一些東西，即B引發C，無論多麼具影響力，都不是聖經的強調。

令這一切連在一起的，是明白禁食是對**重大的神聖時刻**的回應。禁食是對以下事件自然而然和無可避免的回應：

- 罪
- 死亡
- 災難臨近或災難本身
- 缺乏聖潔、愛、憐憫

- 別人的窮乏
- 上帝神聖的同在
- 缺乏公義、和平、愛

禁食是全人回應這些事情，我們稱這些回應為**身體轉向**、**身體哀傷**、**身體祈求**、**身體操練**、**身體貧窮**、**身體接觸**(與上帝)、**身體盼望**。很多宗教傳統——由希伯來聖經開始，一直到最初期的基督教運動，到多個世紀後的伊斯蘭教——特別值得留意的特點，是在一年中，用特定的日子記念類似的神聖時刻。每年在禁食中體現這自然而然的回應，我稱之為**身體年曆**。

我主張我們應該恢復我們的屬靈觸覺，明白到禁食基本上是在**回應重大的神聖時刻**。當我們在禁食中體現我們對那些神聖時刻的回應，我們便流露上帝的憐憫，呈現上帝怎樣回應神聖的時刻。也就是說，那基本上是 A → B 的事件。事實上，有時(但並非總是)我們從 A → B 出發，會發現自己想要的成果，因此 A → B → C 出現。我們的主張是：強調 B 自動引發 C，不單令人在事情不如願時失望，也製造新的律法主義和罪咎。如果一個人禁食，卻得不到想要的東西，那人可能會質疑自己的動機或自己是否聖潔。無論那人的動機多麼好，關於禁食，聖經的原則是 A 推動 B，無論 C 是否發生。

在更深入禁食之時，或許我們需要的，是更遠大的目光和更廣闊的心，是對別人的苦難、對生命中神聖時刻的哀傷更敏銳。有很多人十分敏銳，但他們不禁食，我想我知道原因是甚麼：我們的身體形象。我們西方人繼承了二元論，當中對屬靈操練最影響深遠的一種教導，就是我們的身體對我們的靈性模塑，不是至關重要的。然而，本書對身體形象的討論，勾劃出我們對人的一種觀點，這種觀點恢復身體的地位，提倡真正的靈性要求身體一靈的行動；在其中，我們體現我們的信仰和我們的盼望，以及我們對上帝、對自己、對別人、對世界的回應。

我們今天站在分岔路口。面向未來，我們可以選擇看起來通往某個十分沉重的領域的上坡路；我們也可以選擇容易走的下坡路，通往池邊的遮蔭處。說實話，那看起來更艱難的路才是真正的屬靈之路，它表示我們要致力於一些艱難的工作，使我們的身體與我們的靈性回復統一。

如果我們沿著較窄和較難的路，整合身體和靈，我們很快會發現自己自然而然和無可避免地以禁食回應生命中的重大時刻——不是為了得到一些東西。不，我們禁食，是因為我們感知到上帝也在回應我們周圍的情況，這令我們有分於上帝美好的作為。我懷疑我們終會發現，有分於上帝的作為是我們真正想做的事。我也懷疑，C 欄中那我們希望得到的一切，實際上在我們發現我們站在上帝旁邊時，就都可以找到。因此，最終，禁食是與上帝同在，在生命重大的神聖時刻中，站在上帝那一邊。

致謝

二○○六年夏天的某一天，我坐在書桌旁時，收到朋友蒂克萊的電郵。她問我有沒有興趣為一個屬靈操練系列，寫一本關於禁食的書。由於我們都對固定時間的禱告感興趣，我因此寫了《與教會一起禱告》一書，她知道我對禁食這個課題也感興趣。我想感謝邀請我的蒂克萊和當時在 W Publishing 工作，現在是我的文稿代理人的丹尼爾（Greg Daniel），感謝他們對這個系列的異象。我也十分感謝 Thomas Nelson Publishers 的鮑爾（Matt Baugher），他提出明智、富洞見、有用的建議。斯泰爾（Jennifer Stair）細心編輯手稿，謹慎地建議一個重大的改動，令本書變得更好。

蒂克萊邀請我時，我知道我的出版日程幾乎已經排滿，於是聯絡我以前的學生翁德雷（Hauna Ondrey），她現在在北帕克神學院（North Park Theological Seminary）。我當時問她能否為我做一些資料搜集的工作，讓我可以專注於研究和寫作。她的努力遠超過我的期望，我想在這裏感謝她。沒有她的洞見和建議，本書不能夠完成，也不會這麼好。

我想感謝那些干擾了自己的日程，閱讀本書較早時的手稿的人，特別是伯胡斯、鮑爾澤（Tracy Balzer）、勞赫里（Greg Laughery）、卡利古爾（Mindy Caliguire）。還有我的醫生鄧洛普（John Dunlop）和我的同事納爾遜（Jeff Nelson）幫助我處理禁食的醫學問題。他們都令本書變得更好，並提醒我寫作不是單獨的工作，寫作是參與聖徒的團契。

我太太克里斯不單讀了我所有著作，有時也耐心忍受我太多關於那些書籍的談話——她既在我改變主意時聆聽，又與我討論，以致我必須承認我寫的一切，部分是因她而成。

克里斯和我決定將本書獻給我以前的兩個學生。他們在我其中一門課中墮入愛河，並以幫助我們照顧孩子為一種約會的方式。他們現在在維珍尼亞州（Virginia）斯特林（Sterling）的聖馬太長老會（St. Matthew's Episcopal）事奉。羅布和琳達，我為了你們之所是而感謝你們。

延伸閱讀

Akakios, Archimandrite. Fasting in the Orthodox Church: *Its Theological, Pastoral, and Social Implications*. Etna, CA: Center for Traditionalist Orthodox Studies, 1996.

Baab, Lynne M. Fasting: *Spiritual Freedom Beyond Our Appetites*. Downers Grove, IL: InterVarsity, 2006.

Berghuis, Kent. *Christian Fasting: A Theological Approach*. Richardson, TX: Biblical Studies Press, 2007.

de Vogüé, Adalbert. *To love Fasting: The Monastic Experience*, trans.J. B.Hasbrouck. Petersham, MA: Saint Bede's, 1989.

Foster, Richard. *Celebration of Discipline: The Path to Spiritual Growth,* rev.ed. San Francisco, CA: Harper & Row, 1988.

Grimm, Veronicka. *From Feasting to Fasting, The Evolution of a Sin: Attitudes to Food in Late Antiquity*. New York, NY: Routledge,

1996.

Piper, John. *A Hunger for God: Desiring God through Fasting and Prayer*. Wheaton, IL: Crossway, 1997.

Ryan, Thomas. *The Sacred Art of Fasting: Preparing to Practice*. Woodstock, VT: Skylight Paths, 2005.

Shaw, Teresa. *The Burden of the Flesh: Fasting and Sexuality in Early Christianity*. Minneapolis, MN: Fortress, 1998.

Strack, H. and P. Billerbeck, *Kommentar zum Neuen Testament aus Talmud und Midrasch,* 5 vols. München: C. H. Beck'sche Verlagsbuchhandlung, 1922.

Willard, Dallas. *The Spirit of the Disciplines: Understanding How God Changes lives*. San Francisco, CA: HarperSanFrancisco, 1988.

註釋

導論

1. John Goldingay, *Psalms 1 ~ 41* (Grand Rapids: Baker, 2006), 496.
2. Athanasius, "Letter I. Easter, 329," *Nicene and Post-Nicene Fathers*, series 2, vol. 4, trans. A. Robertson (Grand Rapids, MI: Eerdmans, 1978), 507.
3. Augustine, "The Usefulness of Fasting," *The Fathers of the Church* 16, trans. Mary Sarah Muldowney (New York, NY: Fathers of the Church, 1952), 411.
4. John Calvin, *Institutes of the Christian Religion*, Library of Christian Classics (Philadelphia, PA: Westminster, 1975), 2:1242.
5. Andrew Murray, *With Christ in the School of Prayer* (Springdale, PA: Whitaker House, 1981), 101.
6. Adalbert de Vogüé, *To Love Fasting: The Monastic Experience*

(Petersham, MA: Saint Bede's Publications, 1989).

7. Dallas Willard, *The Spirit of the Disciplines: Understanding How God Changes Lives* (San Francisco, CA: HarperSanFrancisco, 1991), 111.
8. John Piper, *A Hunger for God: Desiring God through Fasting and Prayer* (Wheaton, IL: Crossway, 1997), 104.
9. Thomas Ryan, *The Sacred Art of Fasting: Preparing to Practice* (Woodstock, VT: SkyLight Paths, 2006), 40.
10. Amy Johnson Frykholm, "Soul Food: Why Fasting Makes Sense," *Christian Century* (March 8, 2005), 24.

第一章

1. Thomas Howard, *The Night Is Far Spent: A Treasury of Thomas Howard*, selected by Vivian W. Dudro (San Francisco, CA: Ignatius, 2007), 62.
2. 對舊約人類學最好的研究仍然是 Hans Walter Wolff, *Anthropology of the Old Testament*, trans. M. Kohl (Philadelphia, PA: Fortress, 1974)。
3. Frederica Mathewes-Green, "To Hell on a Cream Puff," *Christianity Today* (November 13, 1999), 44.
4. John Paul II, *Man and Woman He Created Them: A Theology of*

the Body, trans. M. Waldstein (Boston, MA: Pauline Books and Media, 2006).

5. 走這條路線的另一個重要的研究是 F. LeRon Shults, *Reforming Theological Anthropology: After the Philosophical Turn to Relationality* (Grand Rapids, MI: Eerdmans, 2003)。
6. Katheleen M. Dugan, "Fasting for Life: The Place of Fasting in the Christian Tradition," *Journal of the American Academy of Religion* 63 (1995): 548.

第二章

1. 一個關於人性理論很好的考察，參 Leslie Stevenson, David L. Haberman, *Ten Theories of Human Nature*, 4th ed. (New York, NY: Oxford, 2004)。
2. 哲學家有時稱身體、靈、魂、良心為人的「時刻」(moments)。身體、靈、魂或良心不是人的「部分」(parts)，而是人的「時刻」——經驗的不同面向。無論我們稱它為「內在和外在」還是「人的時刻」，我們需要指出的是：上帝創造我們為具身體體現性的統一的人。
3. Lynne M. Baab, *Fasting: Spiritual Freedom Beyond Our Appetites* (Downers Grove, IL: InterVarsity Press, 2006), 71.

第三章

1. Andrew Greeley, Michael Hout, *The Truth about Conservative Christians* (Chicago, IL: University of Chicago, 2006), 103 ~ 112.

第四章

1. Azar Nafisi, *Reading Lolita in Tehran* (New York, NY: Random House, 2003); Alan Paton, *Cry, the Beloved Country* (New York, NY: Scribner, 2003).
2. 參歷代志下二十章 3 節；尼希米記九章 1 節；以斯帖記四章 3 節、16 節；路加福音二章 37 節。
3. Pete Greig, *God on Mute: Engaging the Silence of Unanswered Prayer* (Ventura, CA: Regal, 2007), "About the Author."
4. Ibid., 32 ~ 33.

第六章

1. Adalbert de Vogüé, *To Love Fasting: The Monastic Experience* (Petersham, MA: Saint Bede's Publications, 1989).
2. Ibid., 6.
3. Ibid., 8, 9, 10.
4. Ibid., 15.
5. Dallas Willard, *The Spirit of the Disciplines: Understanding How*

God Changes Lives (San Francisco, CA: HarperSanFrancisco, 1988), 95～129.

6. Ibid., 99.
7. 如果有興趣，兩個很好的資料來源是 Stephen G. Miller, *Ancient Greek Athletics* (New Haven, CT: Yale University Press, 2004); Michael B. Poliakoff, *Combat Sports in the Ancient World: Competition, Violence, and Culture* (New Haven, CT: Yale University Press, 1987)。雖然在猶太文化中，體育不那麼重要，但猶太人對體育也感興趣。關於這個題目，我惟一知道的書是 H.A. Harris, *Greek Athletics and the Jews* (Cardiff: University of Wales Press, 1976)。
8. 有關初期教會、身體、性和禁食的傑出研究尤參 Veronicka Grimm, *From Feasting to Fasting, The Evolution of a Sin: Attitudes to Food in Late Antiquity* (London: Routledge, 1996); and Teresa Shaw, *The Burden of the Flesh: Fasting and Sexuality in Early Christianity* (Minneapolis, MN: Fortress, 1998); 也參 V. L. Wimbush, ed., *Ascetic Behavior in Greco-Roman Antiquity: A Sourcebook* (Minneapolis, MN: Fortress, 1990)。內容範疇更廣泛的著作是 Peter Brown, *The Body and Society: Men, Women, and Sexual Renunciation in Early Christianity* (New York, NY: Columbia University Press, 1988)。

9. de Vogüé, *To Love Fasting*, 33.
10. Arthur Wallis, *God's Chosen Fast: A Spiritual and Practical Guide to Fasting* (Fort Washington, PA: Christian Literature Crusade, 1997), 92.
11. Jerome, *Life of Paul, the First Hermit*, 6. Quoted in Veronicka Grimm, *From Feasting to Fasting*, 160.
12. Jerome, *Letters* 45.3. Quoted in Veronicka Grimm, *From Feasting to Fasting*, 164; 強調為引者所加。關於 Jerome，參 J.N.D. Kelly, *Jerome: His Life, Writings, and Controversies* (Peabody, MA: Hendrickson, 2000), 179～194。
13. Mohandas K. Gandhi, *Gandhi An Autobiography: The Story of My Experiments with Truth*, trans. M. Desai (Boston, MA: Beacon, 1993), 332.
14. Athanasius, *The Life of St. Anthony*, trans. R.T. Meyer (Westminster, MD: New Press, 1950). 引文按出現次序，出自第 7、14、45、93 節。雖然聖安東尼的生平在多個世紀以來都廣受歡迎，我認為他的修道主義是極端的。

第七章

1. John Wesley, *Works of John Wesley* (Grand Rapids, MI: Zondervan, 1958), 4.94.

2. Ibid.
3. 關於教會年曆的初期歷史簡介，參 John F. Baldovin, "The Empire Baptized," in *The Oxford History of Christian Worship*, ed. Geoffrey Wainwright, Karen B. Westerfield Tucker (New York, NY: Oxford, 2006), 112～120。
4. Robert Webber, *Ancient-Future Worship: Proclaiming and Enacting God's Narrative* (Grand Rapids, MI: Baker, 2008), 29.
5. Scot McKnight, *Praying with the Church* (Brewster, MA: Paraclete Press, 2006).
6. *Institutes of John Cassian*, 5.20. Nicene and Post-Nicene Fathers, series 2, vol. 11, trans. Edgar C.S. Gibson (Grand Rapids, MI: Eerdmans, 1986).
7. "The Canonical Epistle," from The Ante-Nicene Fathers, vol. 6, trans. James B.H. Hawkins (Grand Rapids, MI: Eerdmans, 1971).
8. Wesley, *Works of John Wesley*, 19.88.
9. *Constitutions of the Holy Apostles*, Ante-Nicene Fathers, vol. 7, trans. William Whiston, ed. James Donaldson (Grand Rapids, MN: Eerdmans, 1975), 7.2.23.
10. Tertullian, "The Chaplet, or De Corona," Ante-Nicene Fathers, vol. 3, trans. S. Thelwall (Grand Rapids, MI: Eerdmans, 1980), 3.
11. Jerome, *Letters* 71 (to Lucinius), Nicene and Post-Nicene Fathers,

series 2, vol. 6, trans. W.H. Fremantle (Grand Rapids, MI: Eerdmans, 1989), 6.

12. *Constitutions of the Holy Apostles*, 8.47.64.

13. *The Council of Gangra*, Nicene and Post-Nicene Fathers, series 2, vol. 14, trans. Henry R. Percival (Grand Rapids, MI: Eerdmans, 1971), canon 18.

14. *Letters of St. Augustine*, 54.7.9. Nicene and Post-Nicene Fathers, series 1, vol. 1 (Grand Rapids, MI: Eerdmans, 1988). 譯本出自 J.G. Cunningham。

15. Wesley, *Works of John Wesley*, 4.95.

16. *Recognitions of Clement*, 7.34. Ante-Nicene Fathers 8 (Grand Rapids, MI: Eerdmans, 1974). 譯本出自 Thomas Smith。

17. *Letters of Athanasius*, 6. Nicene and Post-Nicene Fathers, series 2, vol. 4, trans. A. Robertson (Grand Rapids, MI: Eerdmans, 1978); 強調為引者所加。

18. Augustine, *Homilies on the Gospel of John*, Nicene and Post-Nicene Fathers, series 1, vol. 7, trans. John Gibb and James Innes (Grand Rapids, MI: Eerdmans, 1956), 17.4.

19. 關於這方面，一本很好的書是 Archimandrite Akakios, *Fasting in the Orthodox Church: Its Theological, Pastoral, and Social Implications* (Etna, CA: Center for Traditionalist Orthodox Studies,

1996)。東正教豐富的靈性資源有許多吸引人的故事和個人榜樣，在很多方面可以與猶太教的《他勒目》相比的，是 *The Philokalia: The Complete Text*, 4 vols. (London: Faber and Faber, 1983)，可以用索引查找有關禁食的內容。

20. 四季齋期指的是教會年曆中四組為期三天的日子，用來禁食和禱告，而祈禱日指的是升天節（Ascension Day；星期四）前的星期一到星期三。

21. Martin Luther, *Luther's Works*, vol. 21: *The Sermon on the Mount* (St. Louis, MO: Concordia, 1956), 159.

第八章

1. 該詞借自 Tom Holmén, *Jesus and Jewish Covenant Thinking* (Leiden: E.J. Brill, 2001)。
2. Abraham Heschel, *The Prophets*, 2 vols. (New York, NY: Harper Torchbooks, 1969). 這個主題在兩冊中都可以找到。
3. 關於以賽亞，我常參考 H.G.M. Williamoson, *Variations on a Theme: King, Messiah and Servant in the Book of Isaiah* (London: Peternoster, 1988)。
4. The Shepherd of Hermas 56:3. Loeb Classical Library, trans. Bart Ehrman (Cambridge, MA: Harvard, 2005), 25.
5. Augustine, *Expositions on the Book of Psalms*, 43.7. Nicene and

Post-Nicene Fathers, series 1, vol. 8 (Grand Rapids, MI: Eerdmans, 1974). 這個譯本稱為牛津譯本，只由 A. Cleveland Coxe 稍為編輯。

6. Wesley, *Works of John Wesley*, 20.10.
7. 有關從社會科學角度看禁食，參 B.J. Malina, *Christian Origins and Cultural Anthropology: Practical Models for Biblical Interpretation* (Atlanta: John Knox Press, 1986), 185～204。
8. "The Congressman Who Can't Stomach Hunger," *Christian Today* (June 20, 1994), 15.
9. Ibid., 17.
10. 參 David Duncombe, "Prayer and Fasting in the Halls of Congress: A Pastoral Approach to Lobbying," *Journal of Pastoral Care* 55 (2001): 7～16。所有關於他生平的引文都出自這篇文章。
11. 參 http://www.jubileeresearch.org/jubilee2000/news/usa1709.html。
12. Eamon Duffy, "To Fast Again," *First Things* 151 (2005): 5.
13. St. Chrysostom, *Concerning the Statues*, 3.11～2; 16.13. Nicene and Post-Nicene Fathers, series 1, vol. 9 (Grand Rapids, MI: Eerdmans, 1989). 這譯本出自 W.R.W. Stephens，雖然我稍為更新了一點。
14. Lynne M. Baab, *Fasting: Spiritual Freedom Beyond Our Appetites* (Downers Grove, IL: InterVarsity, 2006), 16.

第九章

1. Phillip H. Wiebe, *Visions of Jesus: Direct Encounters from the New Testament to Today* (New York, NY: Oxford University Press, 1997).
2. John Cassian, *Institutes* 22; *First Conference of Abbot Moses*, 7, 8.
3. Nahum Sarna, *Exodus*, JPS Torah Commentary (Philadelphia, PA: JPS, 1991), 220.
4. Athanasius, "Letter 1, Easter 329," 6. Nicene and Post-Nicene Fathers, series 2, vol. 4, trans. A. Robertson (Grand Rapids, MI: Eerdmans, 1978).
5. Basil the Great, "Letters," 45.1. Nicene and Post-Nicene Fathers, series 2, vol. 8; trans. Blomfield Jackson (Grand Rapids, MI: Eerdmans, n.d.).
6. John Calvin, *Institutes of the Christian Religion*, Library of Christian Classics (Philadelphia, PA: Westminster, 1975), 2.1242.

第十章

1. 我十分感激伯胡斯將他的博士論文的電子版本交給我，那論文現在有印刷版本，名叫 *Christian Fasting: A Theological Approach* (Biblical Studies Press, 2007)。
2. 我在這裏集中討論了路加福音中的段落。馬可和馬太對破布的比喻用了稍為不同的意象。馬可福音二章21節說：「恐怕所補上的新布帶壞了舊衣服，破的就更大了。」馬太同意馬可——認為這個意象是關於一塊未縮水的新布，撕破那經過清洗、曬乾後變舊的舊衣服。我相信我們應該懷著一種調皮的心態讀路加福音經文的結尾有關耶穌的回應部分，那幾乎肯定不是比喻的一部分：「沒有人喝了陳酒又想喝新的；他總說陳的好。」這是滑稽的，我不是評論耶穌帶來的新酒（耶穌本身就是新酒！）的不足。

3. Thomas Ryan, *The Sacred Art of Fasting: Preparing to Practice* (Woodstock, VT: SkyLight Paths, 2006), 39.
4. A Monk of the Eastern Church, *Orthodox Spirituality*, 2nd ed. (Crestwood, NY: St. Vladimir's Seminary Press, 1996), 22.
5. Bradley Nassif，私人電郵通訊，二〇〇八年四月二日。
6. Kent Berghuis, "Christian Fasting: A Theological Approach," PhD dissertation, (Trinity Evangelical Divinity School, 2002), 163.

第十一章

1. Luther, *Luther's Works*, 21, 157.
2. Ibid., 158. 加爾文在 *Institutes*, 4.12.21 確認這個問題。
3. 巴西流的講道集 *About Fasting* 1, 31,184 [10]。
4. Jerome, "Letters of St. Jerome," Nicene and Post-Nicene Fathers,

series 2, vol. 6, trans. W.H. Fremantle, G. Lewis, and W.G. Martley (Grand Rapids, MI: Eerdmans, 1989), letter 22.37.

5. St. Chrysostom, "The Gospel of Matthew." Nicene and Post-Nicene Fathers, series 2, vol. 10, trans. G. Prevost (Grand Rapids, MI: Eerdmans, 1986), 30.4.
6. Ibid., 25.3. 我稍為修改了譯文，令它更容易閱讀。
7. 萊文（Etan Levine）主張在禁食時那扭曲的臉容，涉及來自妥拉櫃的木灰，它指涉以撒在祭壇上獻上自己贖罪的自足性。此後，那扭曲指向將以撒的灰撒上，作為贖罪。由於耶穌不認同這種贖罪，罪惟獨藉祂自己的死而得贖；對扭曲的臉容的否定關乎贖罪論。這個研究可以在 *Journal of Ritual Studies* 13.1 (1999): 106 中找到。我對此心存懷疑，因為馬太福音六章 1 至 18 節似乎關注炫耀多於贖罪。正如萊文指出，耶穌沒有禁止人們披麻等，只是禁止扭曲臉容。
8. Luther, *Luther's Works* 21, 158.
9. Jerome, "Letters of St. Jerome," letter 22.7.
10. John Cassian, "Second Conference of Abbot Moses," 17.
11. Jerome, "Letters of St. Jerome," letter 107.10.
12. Ibid., letter 130.17.
13. St. Chrysostom, "Concerning the Statues," Nicene and Post-Nicene Fathers, series 2, vol. 9, trans. W.R. Stephens (Grand

Rapids, MI: Eerdmans, 1989), homily 15.1.

第十二章

1. John Piper, *A Hunger for God: Desiring God Through Fasting and Prayer* (Wheaton, IL: Crossway, 1997), 67 ～ 68.
2. Basil's sermon, *About Fasting*, translated in K. Berghuis, *Christian Fasting*, 188, (31.172 [6]).
3. *Confessions* (trans. P. Burton; New York, NY: A.A. Knopf, 2001), 1.1.1.
4. Ibid.
5. Wesley, *Works of John Wesley*, 5.441.
6. Piper, *A Hunger for God*, 14.
7. Willard, *The Spirit of the Disciplines*.
8. Richard Foster, *Celebration of Discipline: The Path to Spiritual Growth*, rev. ed. (San Francisco, CA: Harper & Row, 1988), 55.

第十三章

1. 我不會提供與我談論過禁食的醫生和護士的名字，但我會提供兩個有用的資料來源：Lee Goldman and Dennis Ausiello, eds., *Cecil Textbook of Medicine*, 22d ed. (Philadelphia Saunders, 2004); Jerrold B. Leikin and Martin S. Lipsky, eds., *American*

Medical Association Complete Medical Encyclopedia (New York, NY: Random House Reference, 2003)。

2. 我在這裏特別倚賴 Teresa Shaw, *The Burden of the Flesh*, Chapter 2。
3. Wesley, *Works of John Wesley*, 18, 123.
4. *Cecil Textbook of Medicine*, s.v. " Metabolic Response to Starvation, " 1317.